Library of
Davidson College

Carnet de nuit

Carnets

Collection dirigée par
Alain Veinstein

Pierre RIBOULET
Naissance d'un hôpital

Valerio ADAMI
Les règles du montage

A paraître :

Marc LE BOT
Une blessure au pied d'Œdipe

Jean CLAIR
Le Voyageur égoïste

Philippe Sollers

Carnet
de nuit

Plon

La loi du 11 mars 1957 n'autorisant aux termes des alinéas 2 et 3 de l'article 41, d'une part, que les copies ou reproductions strictement réservées à l'usage privé du copiste et non destinées à une utilisation collective, et, d'autre part, que les analyses et les courtes citations dans un but d'exemple ou d'illustration, toute représentation ou reproduction intégrale ou partielle faite sans le consentement de l'auteur, ou de ses ayants droit ou ayants cause, est illicite (alinéa 1er de l'article 40).

Cette représentation ou reproduction, par quelque procédé que ce soit, constituerait donc une contrefaçon sanctionnée par les articles 425 et suivants du Code pénal.

© Librairie Plon, 1989.

ISBN 2-259-02076-3

Pour vivre cachés, vivons heureux.

On y est, au bout de la nuit, de l'autre côté des ombres. Rien à découvrir de plus perdu ni de plus absurde, de plus isolé pour rien en ce monde ou dans l'autre. Un pas de plus dans le désespoir, bien au fond, bien au bout, et tout se renverse: tu choisis l'espace, le temps; ton espace, ton temps.

Je dis *la nuit,* parce que écrire c'est toujours la nuit, « la nuit est aussi un soleil », « infracassable noyau de nuit », « soleil noir d'où rayonne la nuit », etc. La trace d'une ligne est la nuit.

Rêver du livre que l'on est en train d'écrire: si je parviens à me réveiller dedans (c'est la mort). Ça m'est arrivé une fois: je m'étais endormi sur le tapis, au pied de la bibliothèque. J'étais le dernier paragraphe, son ondulation, sa modulation. Surpris, navré, amusé de me retrouver quand même avec un corps, alors que j'étais passé de l'autre côté: dans l'air, entre les phrases.

Les femmes qui ont roulé me dégoûtent, celles qui débutent m'ennuient.

« Une fatuité cosmique, gigantesque, c'est là le grand miracle moderne; le moindre obstrué trou du cul se voit Jupiter dans la glace » (Céline). Et Vénus, donc.

La tombe, *outrée* par l'insolence qu'il y a à écrire ses Mémoires.
La Vie de Rancé vient seulement d'être traduite en anglais.
« Déjoué dans ses négociations comme dans ses sentiments, Rancé s'enferma dans sa vie. »
« La Trappe était le lieu où Bossuet se plaisait le mieux: les hommes éclatants ont un penchant pour les lieux obscurs. »

Ils croient qu'il y a un truc: les relations, l'argent, le sexe, la drogue, etc. Pas un instant, ils ne pensent que tout vient de la méditation, de la discipline du vice, du travail. Par élégance, et par sécurité, donc, faire toujours comme si on était truqueur, vénal, accroché, fébrile, paresseux, bâclé.

Trop, pas assez : arrange-toi pour qu'on dise sans cesse de toi : trop ceci, pas assez cela. Pas assez, c'est eux. Trop, c'est toi.

Carnet : Petit livre de comptes portatif pour recueillir des notes. Livre qui mentionne les échéances des sommes que les commerçants ont à recueillir ou à payer. Petit livre que les négociants, courtiers, agents de change, portent dans les bourses et marchés pour inscrire immédiatement leurs opérations.
Du latin *quaternetum,* diminutif de *quaternio :* cahier de quatre feuilles.
Marx : «. Un petit carnet peut en dire plus long que dix gros traités. »

J'invente la citation de Marx. Elle n'en est pas moins vraie. Elle pourrait être de Stendhal.

C'était une femme très âgée. Je lui parlais

d'un homme, il y a longtemps. Elle me répondait par des histoires compliquées d'argent, de famille. « Mais je vous parle de Pierre X. » — « Non, non, nous ne fréquentions pas cette famille... » — « Mais Pierre X., lui, vous l'avez connu? ». Impossible de lui faire considérer ce Pierre X. qui, sans doute, avait été son amant. A se demander si une femme peut se souvenir d'un homme *en particulier*. Elle se mit à radoter et à être triste. J'abandonnai la question.

Vous donnez à lire: tout de suite, focalisation sur *le point*. Pour parler d'autre chose, bien sûr: « J'aime bien les paysages. Ils sont très sensibles. » « Point » de sexe pour les femmes, « point » de pouvoir pour les hommes. Ils sont aussitôt prolixes sur tous les autres sujets.

« J'ai suivi votre conseil, je suis tombée amoureuse » — « Vous vous mariez? » — « Ah ! en plus? » — « Vous savez bien: le mariage, un ou deux enfants, et on en reparle » (elle a vingt-cinq ans). Pas contente.

Je ne me rappelle plus la date de naissance de Céline. Je consulte donc le *Larousse illustré*. Je lis la notice : « Son œuvre, marquée par la dénonciation d'une société bien pensante (y en aurait-il une autre ?) et son engagement ambigu dans la collaboration du régime de Vichy (ambigu, Céline ? A Vichy ?), recompose les tics du parler quotidien et populaire dans un flux quasi épique qui transcrit la coulée de la vie dans sa discontinuité et sa trivialité. »

Ce *quasi* est charmant. *Transcrit* n'est pas mal non plus.

La page comporte cinq illustrations en couleurs. Portraits de Nicolas Ceausescu, d'Enrico Ceccheti (photo en noir et blanc, 1850-1928, maître de ballet italien né à Rome, « il réforma l'enseignement de la danse en Russie »), Camilo José Cela, Blaise Cendrars. Le mot *Celtes* permet de voir un bouclier en bronze provenant de Battersea (Surrey, Angleterre).

L'absence du visage de Céline et la présence de celui de Ceausescu sont une de ces merveilles qu'on n'osait pas espérer.

Moravia : « Le dernier écrivain français a été Céline. Depuis, plus rien. » (Il n'aurait jamais dit cela il y a dix ans.) La presse américaine (à peu près tous les mois) : « Dans le désert et la médiocrité de la production littéraire française actuelle... » A quand la presse soviétique parlant (après « décadents », « vipères lubriques », « hyènes dactylographes », etc.) de l'« absence frappante d'écrivains français » ? Demain, l'article est au marbre, ce sont d'ailleurs des Français qui l'auront écrit.

Le nom de Guy Debord ne figure pas dans le *Larousse*. Pas plus que le titre *la Société du spectacle*. En revanche, « situationnisme » est un nom commun : « mouvement contestataire des années soixante, surtout développé dans le milieu universitaire » (!). Debord aurait dû apparaître entre Deborah, prophétesse et juge d'Israël, et Debrai (1827-1882), chimiste français né à Amiens ayant étudié les dissociations. *Situation : la Situation de la classe laborieuse en Angleterre,* Engels, 1845.

Le livre de pensée le plus réel écrit et

publié depuis des années est, de très loin, *Commentaires sur la société du spectacle*. « Le spectacle s'est mélangé à toute réalité en l'irradiant. Comme on pouvait facilement le prévoir en théorie, l'expérience pratique de l'accomplissement sans frein des volontés de la raison marchande aura montré vite et sans exceptions que le devenir-monde de la falsification était aussi un devenir-falsification du monde. »

Hegel et Lautréamont, Gracián. L'exergue est de Sun Tse. (Un observateur remarquera un jour que c'est aussi le cas de *Portrait du Joueur*.)

« Mais l'ambition la plus haute du spectaculaire intégré, c'est encore que les agents secrets deviennent des révolutionnaires, et que les révolutionnaires deviennent des agents secrets. »

Caractéristiques, selon Debord, du « spectaculaire intégré » : « le secret généralisé ; le faux sans réplique ; un présent perpétuel ».

« L'ineptie qui se fait respecter partout, il

n'est plus possible d'en rire ; en tout cas il est devenu impossible de faire savoir qu'on en rit. »

Hemingway, *l'Été dangereux* : traduction bâclée et parfois incompréhensible, préface pontifiante et agressive du best-seller Michener (raconteur-défigurateur des Indiens pour la télévision américaine), articles dans la presse presque tous désinvoltes. C'est devenu un lieu commun de tenir *Au-delà du fleuve et sous les arbres* pour un roman raté. De dire que Hemingway était « mythomane ». Film sur lui tellement idiot qu'il en devient chef-d'œuvral.

Album de photos de Hemingway : *pas une* ne le montre en train d'écrire.

Je ne vois pas comment on peut juger quelqu'un à qui on n'a jamais rien proposé.

Elle se retourne vers moi en partant, avec un sourire : « Et puis c'est bien : demain, c'est dimanche. »

On emploiera contre toi tous les moyens, successivement ou même simultanément. Censure, marginalisation, récupération, académisation, bouffonnisation. 1 Silence. 2 « C'est très peu de chose ». 3 « Pas si mal, il s'améliore ». 4 « Il finira à l'Académie ». 5 « C'est une girouette, un clown ». Et ça recommence.

Recension systématique des expériences de bordels et des occasions.

Duras, pauvre femme. Elle prétend avoir rêvé de Maghrébins tabassant un fasciste dans un train. Sa mère la battait. Elle raconte qu'un soir d'élections un type est venu se branler contre elle. Elle dit que je ressemble à un moine vantant, en latin, une marque de fromages. Le président de la République, ajoute-t-elle, la trouve irrésistible. Spectaculaire intégré : spectaculaire désintégrée.

Au lycée, les filles. Assises au premier rang, souvent les meilleures, arrivée des règles, visages blancs, jardin de la Mairie comme point de rencontre.

Les Allemands occupant la maison. J'ai cinq ans, ils font cercle autour de moi, me mettent en joue, cliquetis, Maman, calme, me prend dans ses bras, m'emmène.

Les parachutistes anglais cachés dans les caves. Chuchotements français dans les étages, cris allemands au rez-de-chaussée, silence anglais dans le vin.

Introduction aux lieux d'aisances, écrit à dix-neuf ans (pendant les cours d'économie politique). Montré à Ponge, transmis à Paulhan, refusé par la NRF. Exergue de sainte Thérèse d'Avila.

Mauriac m'a répété au moins cinquante fois la phrase que Barrès avait dite à propos de lui : « La belle affaire d'être une merveille à vingt ans ! »

Aragon: « Tu comprends, petit, la seule question est de savoir si on plaît aux femmes. » (On était à la Régence, je crois.)

Tel Quel, Le Seuil, Minuit, etc. Vieux roman.

68, dantonistes, hébertistes, le secret, nuits dévastées, ouvertes, le système de surveillance occupé *ailleurs*. Il s'est farouchement rattrapé depuis.

John Dowland.

Les moindres gestes. Emploi du temps. Court de tennis. L'impression de n'arriver à rien (*vraiment* à rien) veut dire que beaucoup se prépare.

Bible. « Écoute. »

Cinq heures du matin, plus de tempête, nuit arabe. Fenêtre d'est: la lune vient jusqu'à la loupe au manche d'ivoire. Le carnet, la loupe. *Holy night*. Night, nacht, notte, noche. Buenas noches. Buona notte. Les accents tournants. Le *t* de night à la fin de l'enregistrement, par Joyce, du passage de *Finnegans Wake*. *Night!* Juste audible. L'étincelle baptisant la nuit.

Chine. La petite dans l'ascenseur, à Pékin.

Bergers, rois mages et marins. Ulysse. La main du réveil: *voilà, elle passe.*

Je vais dehors, sur la pelouse, regarder de l'extérieur la lampe rouge.

Il y a la nuit à deux heures, à trois heures, à quatre heures, à cinq, à six. Deux heures c'est encore la soirée tardive. A trois, les choses sérieuses. Poussée du jour. Marées. Nages du matin dans *Paradis*. Tu remplis ton stylo, tu y vas.

Le coin des acacias. Division de la lumière, onglée, sèche. Malaise du figuier, pensée de l'acacia. C'est contre lui, autrefois, que le chat se faisait les griffes.

Lettre: comment voulez-vous qu'on se retrouve? Dites-moi. *Par le menu.*

Un reportage sur Bordeaux. « S. Bordelais d'adoption »... Sans blague?

La lune renvoie aussitôt aux hôpitaux militaires. Rappelle-toi, la boue et le froid, sur le banc. Tu étais censé ne plus pouvoir parler. Tu étais donc « le fou au clair de lune ».

Les roses de Bordeaux. Tu voulais voir des roses? Oui, celles au commencement des plants de vigne, les plus belles à jamais, celles qu'on boit.

François Mitterrand, enfant, jouant aux

échecs avec son grand-père dans une ferme, en Charente. Il est en train de lire Casanova (pris par Venise).

Israël en Égypte, Haendel. Cisjordanie. Gaza.

Le jeune acacia remue. Comme s'il remerciait le temps, le regard, le temps du regard.

Montée du jour : buvard bleu à l'envers, il va vers le blanc, il revient. Teinture. Le jour s'éteint, il se teint. Le tein, le tain. Nuit déteinte. Puissance égale de diffusion, doucement, puissamment.

Malines. Jusant.

Quand tout *s'agence,* mais peut être aussi perdu d'une minute sur l'autre. Perdu et regagné, sans fin.

J'ai toujours regardé intensément *la porte.*

J'ai toujours été, d'une façon ou d'une autre, *mis à la porte*.

Tu commences à bien jouer quand tu vois *tout* le terrain depuis une certaine hauteur. C'est toi, là, en bas? Pareil pour les paysages. Course du soleil intériorisée. Soleil, lune. Fermer les rideaux.

La plume qui court, sa pointe, le papier à peine effleuré, l'encre, les oiseaux très tôt (l'air). La marée se prépare, hémorragie bleue.

Quand deux de vos faux amis se rencontrent, quel va être le plus faux des deux lorsqu'il sera question de vous? Pari possible.

Le ténor Anton Dermota.

Novalis: « La haine que tant de gens

sérieux ont du langage. Sa pétulance et son espièglerie, ils la remarquent; mais ce qu'ils ne remarquent pas, c'est que le bavardage à bâtons rompus et son laisser-aller si dédaigné sont justement le côté infiniment sérieux de la langue. »

« L'esprit n'apparaît jamais que sous une forme aérienne *inconnue*. »

« L'humanité? Un rôle humoristique. »

De moins en moins de papillons (insecticides).

La phrase d'Hölderlin, « à quoi bon des poètes dans un temps de détresse » est pour nous, aujourd'hui, optimiste, presque comique.

Les stéréotypes freudiens: « Pénis anal ». Pénis anal, pénis anal, on dirait un nom propre. Jean Pénis-Anal ; Paul-Emile Pénis-Anal.

Visite du jeune poète. Il m'apporte son bouquin, hésite, puis me montre courageusement le passage qui m'est consacré. « Qu'ai-je à faire de S. qui s'égare dans le roman à succès ? » En partant, il me demande si je peux faire un article sur son livre.

Cause toujours.

Ce que j'aime dans *Voyage au bout de la nuit* :
« Je décidai, à force de peloter Lola, d'entreprendre tôt ou tard le voyage aux États-Unis, comme un véritable pèlerinage et cela dès que possible. Je n'eus en effet de cesse et de repos (à travers une vie pourtant implacablement contraire et tracassée) avant d'avoir mené à bien cette profonde aventure, mystiquement anatomique. »

« Grand nombre de rencontres étrangères et nationales eurent lieu à l'ombre rosée de ces brise-bise parmi les phrases incessantes de la patronne dont toute la personne substantielle, bavarde et parfumée jusqu'à l'évanouissement, aurait pu rendre grivois le plus ranci des hépatiques. »

« Je me sentais si incapable de tuer quelqu'un, qu'il valait mieux que j'y renonce et que j'en finisse tout de suite. Non que l'expérience m'eût manqué, on avait même fait tout pour me donner le goût, mais le don me faisait défaut. »

« C'est cela l'exil, l'étranger, cette inexorable observation de l'existence telle qu'elle est vraiment pendant ces longues heures lucides, exceptionnelles, dans la trame du temps humain, où les habitudes du pays précédent vous abandonnent, sans que les autres, les nouvelles, vous aient encore suffisamment abruti. »

« Elle aussi avait dû être une belle créature, la mère, bien pulpeuse en son temps ; mais plus verbale toutefois, gaspilleuse d'énergie, plus démonstrative que la fille dont l'intimité concentrée avait été par la nature vraiment admirablement réussie. *Ces choses n'ont pas encore été étudiées merveilleusement comme elles le méritent.* La mère devinait cette supériorité animale de sa fille sur elle et jalouse réprouvait tout d'instinct, dans sa manière de se faire baiser à des profondeurs inoubliables et de jouir comme un continent. » (C'est moi qui souligne.)

« C'est bon aussi de n'être ni confessé, ni méprisé, c'est l'Angleterre. »

« Quand on y réfléchit bien il existe deux grandes espèces de petites amies, celles qui ont "les idées larges" et celles qui ont reçu "une bonne éducation catholique". Deux façons aux miteuses de se sentir supérieures, deux façons aussi d'exciter les inquiets et les inassouvis, le genre "fichu" et le genre "garçonne". »

« Ils sont seulement jeunes à la façon des

furoncles à cause du pus qui leur fait mal en dedans et qui les gonfle. »

« Après tout quand l'égoïsme nous relâche un peu, quand le temps d'en finir est venu, en fait de souvenir on ne garde au cœur que celui des femmes qui aimaient vraiment un peu les hommes, pas seulement un seul, mais tous. »

Sophie : « Une nature excellente, pas protestante pour un sou et qui ne cherchait à diminuer en rien les occasions de la vie, qui ne s'en méfiait pas par principe. Tout à fait mon genre. »

L'énergie ramifiée de Céline. Beau comme Saint-Simon.

Laclos ; *les Liaisons dangereuses,* lettre de Mme de Volanges à Mme de Rosemonde : « Quelle mère pourrait, sans trembler, voir une autre personne qu'elle parler à sa fille ? » Oui, oui.

Antisthène, bref et profond. Ce que l'homme peut faire de mieux? Mourir heureux. A un prêtre des mystères orphiques vantant les avantages de l'au-delà: « Pourquoi tardez-vous à mourir? » Les disciples sont chassés avec des bâtons d'argent. « L'envie ronge les envieux comme la rouille le fer ». C'est lui qui a dit: « Quel mal ai-je encore fait? » en apprenant que beaucoup le louaient. Il a écrit un *Ulysse*. Et ceci: « Il faut n'avoir de commerce qu'avec les femmes qui vous en sauront gré. »

Vous me copierez cent fois la dernière phrase.

Effets du « spectaculaire intégré »:
1. Ils ont tous tendance à dire la même chose en même temps, au point que le phénomène paraîtrait mystérieux s'il n'était purement technique.
2. La perception rétinienne est hypertrophiée (somnambulisme inversé), d'où l'importance de la perception physique, immédiate et quantitative. La grande affaire: grossi ou maigri?
3. Dévalorisation sans précédent de l'activité intellectuelle et littéraire.

Les livres dont on parle. Dans l'un, l'auteur, une femme, écrit: « A peine consentis-je à l'émoi de... » Je coupe. L'autre, professionnel confirmé: « Vous êtes marié, je crois? fit-elle tout à trac. » Et: « partout épilée, sauf de la touffe. »

Mickey Rourke: « J'aimerais faire un film où je ne dirais pas un mot. »

Sondage. « Parmi les genres de livres suivants, pouvez-vous indiquer ceux que vous lisez de préférence? »
Romans: femmes 56 %, hommes 27 %.

Debord: « Car la conversation est presque morte, et bientôt le seront beaucoup de ceux qui savaient parler. »
« On peut désormais publier un roman pour préparer un assassinat. »
« Les périls que doit normalement s'attendre à affronter tout groupe qui s'adonne à la subversion... : *égaré, provoqué, infiltré, manipulé, usurpé, retourné.* »

Ce qui est vrai d'un groupe peut l'être aussi d'un individu. Quoi qu'il en soit peu de mouvement social vérifie mieux cette loi que le féminisme. L'auteur des *Commentaires* n'en parle à aucun moment. C'est étrange dira quelqu'un.

Contemporains de l'installation intensive du spectacle, on pourra relire *a contrario* des livres comme *Drame, Nombres, Lois, H, Paradis*. Il est fort possible que *Femmes, Portrait du Joueur, le Cœur Absolu, les Folies Françaises,* soient les seuls *romans* de critique systématique du spectaculaire intégré. Les premiers ont été l'objet d'une tentative de réduction philosophique constante. Les seconds sont à la fois subis, déformés et irréalisés par la surveillance spectaculaire. Mais enfin, *ils sont là*.

Rue Guynemer, minuit, fin de l'été, fenêtres ouvertes, sous-bois et lumières. *Sérénade en ré majeur avec cor de postillon* de Mozart.

Les divers théoriciens et philosophes ont

voulu critiquer la représentation et ils n'ont rien vu du spectacle dans lequel ils étaient pris, leur mort elle-même étant venue souvent signifier cet oubli sous forme de *mise en mort* spectaculaire. C'est un des traits les plus forts de la « période charnière », qui va durer encore quelque temps.

Le mot *carnet* signifie également assemblage de tickets ou de timbres. C'est aussi une rigole dans une galerie de mine.

« A la fin de l'histoire, la mort vivra une vie humaine » (Hegel).

Rumeur d'élevage d'enfants au Paraguay, tués, dépecés et revendus comme organes de greffes à des cliniques américaines. Le trafic brésilien des enfants adoptés.

Elle me disait qu'elle devait accoucher en janvier. « Pour l'instant je suis enceinte jusqu'aux yeux. » Nous étions en novembre, son ventre était plat. J'ai mis une demi-heure à comprendre qu'elle allait en Inde chercher sa livraison de petite fille. Elle disait cela comme une enfant. Elle était fine, vive, pas du tout cinglée.

Des soldats en permission disparaissent régulièrement. On finit par arrêter l'adjudant-chef qui les violait et les tuait de temps en temps. Réaction des familles des victimes : « Et dire qu'on nous faisait passer pour des parents de déserteurs ! » Douze femmes violées et coupées en morceaux, ce serait quand même un événement. Douze soldats du contingent, léger malaise.

Le supérieur (général?) interviewé à la radio : « C'était un excellent militaire, très droit, peut-être un peu sévère avec ses hommes, mais très exigeant pour lui-même. Jamais nous n'aurions pu nous douter, etc. »

Toute conversation se réduit désormais à une succession de monologues alternés où chacun, à toute allure, fait sa propre publicité en face de l'autre. On se tromperait en donnant de ce phénomène criant une interprétation psychologique. Non, votre interlocuteur n'est pas « narcissique », « arriviste », « autistique », voire « paranoïaque ». C'est une particule du spectacle, il ne peut pas faire autrement.

La psychanalyse à tout faire : l'un vous expliquera que si un ouvrier revendique c'est par crainte de la castration ; les aristocrates et leur particule, idem. Un autre sera intarissable sur la situation au Proche-Orient ou le dernier film à la mode. La mère, le père, le manque, la pulsion, le symbolique, l'imaginaire, moins souvent le réel. Commentaire sportif d'aujourd'hui.

On ne pourrait jamais soupçonner, dans sa *Correspondance* de 1917, que Proust est en train d'écrire un des plus grands livres de l'humanité. Tout enveloppé d'apparences : ne vous en faites pas, je suis très malade, je perds mon temps dans des centaines de situations pour rien. Montesquiou devait lui servir de fumée. Les *fumigations,* quelle trouvaille. Son financier, Lionel Hauser. Proust était actionnaire des Tramways de Mexico (Charlus saute de temps en temps dans des tramways à la recherche de ses petites personnes). A Mme Scheikévitch : « Il est bien, si on en a le courage, de donner à ceux qui souffrent une compréhension qui leur paraîtra un reproche quand ils auront changé. »

L'enjeu est déjà de dicter sa propre réalité à l'irréalité du spectacle. Un moment, il craint d'être *rejoint* : « C'est idiot d'écrire parce qu'on est rattrapé par la vie, et que les livres les plus spontanés deviennent un jour ou l'autre des romans à clés. »

Il ne dit pas : « inventés », mais *spontanés*.

Faire croire aux clés qui pourront nier l'existence d'un livre fait aujourd'hui partie des combinaisons classiques. Ce qu'ils veulent : l'assurance qu'il *n'y a pas* de livre (rectangle imprimé, prix, point évanescent de rencontres pour *tout autre chose*).

Léon Daudet sur Proust chez Weber : son « ton hésitant et hâtif ». « Ses images imprévues voletaient à la cime des choses et des gens, ainsi qu'une musique supérieure, comme on raconte qu'il arrivait à la taverne du Globe, entre les compagnons du divin

Shakespeare. » « Rongé de scrupules ironiques, naturellement complexe, frémissant et soyeux. »

Scrupules ironiques.

Proust profite de l'ouverture de Daudet pour carrer les choses : « La vérité, même littéraire, n'est pas le fruit du hasard, et on pourrait s'asseoir devant son piano pendant cinquante ans et essayer toutes les combinaisons de notes, sans trouver telle divine phrase de tel grand musicien. Je crois que la vérité (littéraire) se découvre à chaque fois comme une *loi* physique. On la trouve ou on ne la trouve pas. »

Je suis un ensemble de lois. Je ne cherche pas, je trouve.

N'est-ce pas, messieurs ?

En avril 1918, il est à Versailles.

Dîners, homards et champagne, au Ritz ou au Crillon, avec la princesse Soutzo.

Le livre était posé sur la table. Tout le monde parlait affaires. Pas une seule fois question du style ni du contenu.

Trois parcelles paranoïaques m'ont déjà

dit que les *Commentaires sur la société du spectacle* était l'œuvre d'un paranoïaque. Par la même occasion, je l'étais donc, moi aussi.

Un autre : « Ah ! non, je ne lis pas ça. »

Un autre : « C'est mal écrit. »

Un autre : « Vous voulez écrire un article là-dessus ? Un *long article* ? »

Proust s'obstine à parler de vérité. Il a ses raisons, flagrantes.

Finalement, on remarque de plus en plus ceux qui se font incinérer et ceux qui ne le font pas. De toute façon, on écoute des disques. Le jésuite plus ou moins en rupture avec son ordre qui, au-dessus de son cercueil a voulu la voix d'Édith Piaf. La rentabilisation de Bach et de Mozart. Mouvements lents, bien entendu. La seule manière d'être original vingt minutes serait peut-être d'exiger trois *allegro vivace* Grésillement du saphir.

Comme les anecdotes horribles se multiplient, les acteurs sont dépassés par leur temps d'antenne. Et comme personne n'écoute plus personne, il en résulte un vacarme que l'on peut entendre de temps en temps avant de s'y replonger soi-même par peur de devenir sourd. Même l'atmosphère apparemment la plus feutrée est hurlante.

Le western et le film de tuerie classique sont tellement démodés qu'on procédera désormais, histoire de se faire entendre, par massacres à la tronçonneuse. Il y a ainsi quelques réussites du genre. Sans aucune allusion sexuelle directe, bien entendu.

Il est temps d'emporter avec soi :

Quand nous respirons, la Mort dans nos poumons
Descend, fleuve invisible.

Les bijoux perdus de l'antique Palmyre,

Les métaux inconnus, les perles de la mer.

*Maint joyau dort enseveli
Dans les ténèbres et dans l'oubli.*

L'empire familier des ténèbres futures.

Des femmes dont l'œil par sa franchise étonne.

Cheveux bleus, pavillons de ténèbres tendues.

*Je t'adore à l'égal de la voûte nocturne
Ô vase de tristesse, ô grande taciturne.*

*Bizarre déité, brune comme les nuits
Sorcière au flanc d'ébène, enfant des noirs mi-
nuits.*

Avec ses vêtements ondoyants et nacrés.

*Lorsque tu dormiras, ma belle ténébreuse,
Au fond d'un monument construit en marbre noir.*

La vermine qui vous mangera de baisers.

Mère du souvenir, maîtresse des maîtresses.

*Que les soleils sont beaux dans les chaudes soi-
rées,
Que l'espace est profond, que le cœur est puissant.*

C'est bien, charmant poignard, jaillis de ton étui!

Tout semblait lui servir de bordure.

*Tu fais l'effet d'un beau vaisseau qui prend le
large,
Chargé de toile, et va roulant
Suivant un rythme doux, et paresseux, et lent.*

Vous êtes un beau ciel d'automne, clair et rose.

Rien ne vaut le soleil rayonnant sur la mer.

L'été blanc et torride.

*Les courses, les chansons, les baisers, les bou-
quets,
Les violons vibrants derrière les collines,
Avec les brocs de vin, le soir, dans les bosquets.*

*Et vers toi glisserai sans bruit
Avec les ombres de la nuit.*

Et dormir dans l'oubli comme un requin dans l'onde.

Le Printemps adorable a perdu son odeur.

Voici le soir charmant, ami du criminel.

L'air est plein du frisson des choses qui s'enfuient.

*La Débauche et la Mort sont deux aimables filles
Prodigues de baisers et riches de santé.*

*Mon cœur, comme un oiseau, voltigeait tout joyeux
Et planait librement à l'entour des cordages;
Le navire roulait sous un ciel sans nuages.*

*Ta tête, ton geste, ton air
Sont beaux comme un beau paysage;
Le rire joue en ton visage
Comme un vent frais dans un ciel clair.*

Entends, ma chère, entends la douce Nuit qui marche.

Ce n'était pas trop long? Vous ne vous êtes pas ennuyés?

Vous me copierez cent fois les deux premiers vers.

Messages secrets. Portez au Chiffre.

Le dernier roman de l'auteur américain qui compte, de celui qui prouve à quel point la littérature française est faible, étriquée, nombriliste, inexistante, incapable de se répandre à travers le monde (et peut-être même virtuellement fasciste), ce nouveau chef-d'œuvre « aussi outré que réaliste, aussi féroce qu'indulgent », le voici, *enfin* :

« Trop tard maintenant... Il sortit en tirant sur sa braguette. — Tu peux me prêter vingt dollars, Bibb? On m'aurait payé quand j'aurai payé la camionnette, mais...

— Qu'est-ce qui se passe avec la camionnette. Tu l'as laissée comme ça?

— Merde pour la camionnette.

— Mais tu ne peux pas la laisser comme ça, là-bas en plein milieu de...

— Tu plaisantes? Ils n'ont qu'à venir la remorquer.

— Mais qui? A qui est-elle, qu'est-ce que

tu fais à conduire cette camionnette de déménagement de...

— Genre qu'est-ce que tu crois que je faisais, Bibb ? J'essayais de gagner soixante-quinze dollars, qu'est-ce que tu crois que je faisais. »

Et ainsi de suite.

On ne voit pas pourquoi on se casserait la tête. Et pourtant, tu vas le faire. « Ah ! pour la gloire... Rien du tout... Non... Rien... » (fin du disque de Céline).

S'il est vrai que le vrai est devenu un moment du faux, il s'ensuit qu'il n'y a plus que des vérités du moment. *Mais aussi que le moment vrai est immense.*

La petite maison de Céline au Danemark, près de la Baltique. Les poiriers en fleurs. Un cygne en contrebas, sur l'eau grise.

Plus tard : Elseneur.

La perception européenne par la météo.

On donne maintenant à la télévision le temps qu'il fait à Paris, Bordeaux, Londres, Copenhague, Berlin, Rome, Madrid, Barcelone, Athènes.

Carnets : Thursday-Donnerstag-Jueves-Giovedi-Jeudi.

Epicure : « Quand on est jeune, il ne faut pas hésiter ; quand on est vieux il ne faut pas se lasser. »

Rappelle-toi : NIME. Ce qui veut dire : *Nil igitur mors est.* Rien, *donc,* est la mort. Pas besoin d'ajouter : « pour nous ». Ne pas traduire par : la mort n'est rien.

L'hésitation d'*Igitur.*

Epicure : « Une raison cherchant sans cesse des causes légitimes de choix et d'aversion. »

Et aussi : « Si les effets de ce qui est un plaisir pour les débauchés dissipaient les craintes de l'esprit touchant les météores, la mort et la souffrance, et qu'ils leur apprenaient la limite des désirs, je n'aurais plus rien à leur reprocher, puisqu'ils seraient absolument et toujours remplis de plaisirs, et n'auraient nulle part de douleur ou d'affliction, c'est-à-dire de mal. »

Sade : « Je me suis fait un principe de mes erreurs ; et, de ce jour, j'ai connu la félicité. »

J'aime passionnément la raison. Je n'ai changé de passions que pour démontrer la raison. Cet apologiste de la raison, lui, n'a que la passion de la raison morte.

Encore une hystérique nécrophile. Bonjour, allons-y.

Dignité de Jouhandeau. Sa prière.
Morand, net. « On a dit que vous étiez devenu plus profond. » — « Les tombeaux aussi sont profonds. »

Si vous voulez détester Voltaire, commencez par le connaître. N'est pas Maistre ou Baudelaire qui veut. Même réflexion à faire à propos des jésuites : n'est pas Voltaire qui veut. Vérité du dix-huitième siècle : elle se *mérite,* c'est la plus difficile à trouver (Baudelaire finit par Laclos).

Je vous avais déjà dit que le Sud-Ouest est un autre pays. Il y a une ligne invisible.

Les enfants se roulant dans l'herbe. Balançoire sans fin du hamac.

On n'imagine pas un livre commençant par : « J'ai vécu dans l'enchantement. J'ai baisé à peu près quand je voulais et quand il fallait. » L'auteur, s'il l'écrivait, ferait bien de rayer sa phrase.

Il est très bon, surtout maintenant, de lui faire réciter des poèmes sans qu'il en comprenne nécessairement le sens (dix ans). Langue de la forêt, transmission secrète. La prière est du même ordre. Il a commencé par dire « sain d'esprit » pour saint-esprit. « Au nom du père, du fils, et du sain d'esprit. » Les limericks de Joyce. A cause de la racine *joi,* Joyce se croyait d'origine française (*cf.* sa curiosité pour le duc de Joyeuse). L'épée de Charlemagne s'appelait Joyeuse.

Les leçons de chinois (1969). Quelle belle époque ! Ysia (elle voulait chanter).

« Il ne faut pas dormir pendant ce temps-là. »

Ils veulent te neutraliser ? Augmente l'acide.

Le RGC : *Repository for Germinal Choice*. Le quotient intellectuel minimal des donneurs de sperme doit être de 130. Les clientes peuvent choisir sur un catalogue où figurent des renseignements divers (humour, don musical, intérêt pour l'exploration spatiale ou les romans historiques). Photo, mais pas de nom. Photo du visage, bien sûr. Il semble que le sperme des Prix Nobel ne donne pas les résultats espérés.

Souvent, quand je raconte un simple fait divers, je m'entends dire : « Vous exagérez. »

Le déluge d'enfantillages scolaires à propos de la Révolution française.

On interviewe la patronne du restaurant :
« Vous n'avez pas peur de la centrale nucléaire ? » « Pensez à la création d'emplois. J'ai triplé le nombre des repas servis. »

Radio allumée, son inaudible. Télévision sans le son. Tu écris, tu enregistres tes bandes de silence.

« *Tel Quel :* revue animée par Ph.S. (1960-1983). »
Entre *Tello,* village d'Irak, sur le site de Girsou, l'une des cités-États de Sumer ; et *Teluk Betung,* port d'Indonésie (Sumatra) : 199 000 habitants.

Archives : présentez, s'il vous plaît, votre bon profil au néant.
Juste avant *Solo,* ancien nom de Surakarta, ville d'Indonésie (Java), 414 000 habitants ; et Solliès-Pont, chef-lieu de canton du Var, 5 536 habitants : *Sollers :* « Il passe d'une réflexion sur les rapports de la littérature et du réel à une inspiration plus ouverte

aux modes et aux grands courants de consommation culturelle. »

J'ai tiré mon nom des dictionnaires et il s'y retrouve. Ce n'était pas évident.

« Les modes, les grands courants » : avertissement des archives. Il faut lire : « Sera-t-il emporté par les modes ? Les grands courants ? »

La radio, la presse : « La rentrée sociale sera calme, estiment 91 % des chefs d'entreprise. » Entendez : *il faut* que la rentrée sociale soit calme.

Paradis II : tout le début sur le faux.

Nous sommes le 8/8/88
Le 7/7/77, j'étais à New York pour voir De Kooning.
Le 6/6/66, j'écrivais sur Lautréamont.

Le 5/5/55, aucun souvenir.
Le 4/4/44, aucun souvenir.
Le 3/3/33 : pas né.
Le 9/9/99 m'intéresse.

Les moments de néant. Cet après-midi, par exemple, une heure et demie de néant. (Dans *le Cœur Absolu :* le « néantomètre ».)

Le champagne rosé avec Lacan. Il sortait de ses fous, on allait en face de chez lui, à *la Calèche*.

Un après-midi avec Sartre. Il parle très vite, penché en avant. Sur le pas de la porte : « Rendez-vous dans la rue, alors ? »

Je pense à lui parce que je viens de recevoir une carte postale, photo de Elie Kagan, où il sort d'une brasserie (le Balzar ?) avec Simone de Beauvoir. Lui cigarette à la main, elle rajustant son manteau. Pancarte à droite : COMPLET.

Sympathie pour Sartre.

Cet ami d'autrefois, dans *Libération :* « La

littérature est triste, elle est dans la pauvreté de sa perte, dans l'irrémédiable vacillement de sa lueur, dans l'ultime extinction du langage, dans le dernier pas avant le plus rien. »
Eh! Oh!

Un horrible petit livre. Lèvres pincées. Dames d'œuvres.

La seule chance de faire imprimer leur nom, pour certains, n'est plus que la mort de certains autres.

Vivaldi, *Concerti per mandolini.*

Préhistoire : putains de la rue Chaplain ; putains de la rue de Provence.

Une petite revue tous les trois mois, avec téléphone.

Revoir sa vie par zébrures : plaisir et douleur.

Mes parents étaient riches, maisons, grands jardins. Il y avait deux pianos. Je n'invitais que mes amis noirs du lycée Montesquieu. Cela faisait parler, à l'époque.

Un livre où le narrateur évoquerait seulement les lieux où il s'est baigné.

Je m'appelle donc *Joyaux* (état civil). Tous les professeurs, sans exception : « Messieurs, ce joyaux n'est pas une perle. » (*Cf. Portrait du Joueur.*)

Le plus fort souvenir de ville, après Venise ? Jéricho.

Petit déjeuner sur le lac de Constance. Les abeilles. Les stores.

Je me rappelle qu'au moment où Lacan s'est passionné sur Joyce, j'essayais en vain d'attirer son attention sur mon nom d'état civil ainsi que sur le fait qu'en allemand (jeu de mots de Joyce lui-même) *Freud = Joyce* (cette identité expliquant son affaire avec Jung). Lacan a fini par écrire: « Sollers est comme moi, illisible. » Pas du tout. Je lui ai offert *The Book of Kells*. (Joyce: *book of kills* ».)

Le bar du Richmond, à Genève.

Hemingway/Joyce. Rien de plus émouvant que la fidélité du premier pour le second, jamais démentie (*cf. Moveable Feast*). Hemingway faisant le coup de poing pour Joyce, presque aveugle.

Hemingway: « Un écrivain sans oreille est comme un boxeur sans main gauche. »

Le moment où je portais la valise de Lacan, complètement isolé, après son renvoi de la rue d'Ulm, gendarmes mobiles, arme au pied. Dédicace des *Écrits*: « On n'est pas si seuls, somme toute. »

Je revois Georges Bataille dans le bureau de *Tel Quel,* un peu affalé, doux. « Au collège, on m'appelait la brute. » Cocktail: tout le monde s'écartant de lui. Nous avons parlé deux fois en présence de deux femmes différentes, à chaque instant très désagréables avec lui.

L'article de Bataille, *Hemingway à la lumière de Hegel* (1953): « Je veux parler de cette exactitude dans l'expression sensible de la vérité, que nul autre que lui ne me semble avoir atteint. C'est peu de dire que, sous sa plume, la vérité devient saisissante: elle est parfois gênante, au point d'être mal supportée — quand le lecteur, par hasard, a connu telle personne, qui lui servit de prototype. »

Encore: « Est souverain celui qui n'est pas lui-même une chose... Il n'y a pas dans son œuvre (Hemingway) de tricherie, ni de concession à la lâcheté qui porte à dominer les autres comme des choses. »

Saint-Sébastien. L'eau lourde, mercure.

On est sec immédiatement. Quand je cherchais E. à travers tout le pays (elle m'a appris quelques mots de basque, l'accent).

Bureau de *l'Infini,* Roth et Kundera riant tout l'après-midi. Roth ne parle pas un mot de français, je bafouille en anglais, on se fait des grimaces. Il dit m'avoir vu dans Daumier.

Prigogine, le vide quantique, fluctuations et transmutations, la seconde avant l'univers. *Paradis.* Chine.

Carnet de nuit, carnet de *Séder*: les bougies allumées, la coupe de vin pour Elie.

Conversation avec Detienne: Dionysos, Orphée.

Bureau de *Tel Quel*: la voix de Klossowski, le regard de Michaux, son silence. L'extrême propreté rayonnante de Ponge (tous les propos revenant à une mini-conférence de sa part sur lui).

Petit déjeuner. Elle : « On ne devrait pas mourir. » Ou peut-être : « C'est dommage de mourir. » Ses joues roses.

Il m'est arrivé de combattre des évidences parce que des imbéciles les soutenaient.

Un auteur doit remettre son manuscrit, la publicité paraît dans la presse, finalement il ne le publie pas, six mois après des gens lui parlent de leur lecture.
Un sculpteur envoie des invitations pour le vernissage de son exposition, quelqu'un le félicite pour ses merveilleuses dernières pièces *trois jours avant l'ouverture*.
Ils en rient.

Peut-on baiser avec une fille (américaine)

qui vous demande si vous n'avez pas le sida en ajoutant: « Il est vrai que je ne connais pas encore d'hétérosexuel malade » (seul moment d'excitation dans la voix).

La petite semi-prostituée de dix-sept ans qui lit *le Nombre d'or*. Moi: « Vous vous intéressez à l'histoire? » Elle: « Non ».

Six minutes sur *les Demoiselles d'Avignon*. Extraits de *Femmes*. Les photos de Picasso, l'autoportrait intégré dans le tableau, les yeux. Flamenco, Stravinsky.

Oscar Peterson, *My Foolish Heart*. Wilander à Flushing Meadows.

Céline: « A chaque vertu sa littérature immonde. »
« Dans la fatigue et la solitude, le divin ça sort des hommes. »

Presque personne dans l'avion. Je touche

mes sandales dans le sac jaune italien. A gauche une secrétaire faisant des mots croisés « six étoiles », « pour les virtuoses », « sport cérébral ». A droite, un cadre moyen appliqué aussi sur des mots croisés. La dame convenable entre avec un chat dans un panier. « Vous comprenez, il vient juste d'être opéré. » Elle est devant moi, je peux lire ce qu'elle lit par-dessus son épaule :

« Que fais-tu du cadavre ?

— Il y a longtemps que tu veux l'éliminer.

— Qu'est-ce que tu veux ?

— L'argent. Et toi pour le dépenser.

— Tu es sûr que tu me veux aussi ?

— Parfaitement. »

Je n'arrive pas à voir la couverture du livre.

« Je me dégage d'une secousse et l'envoie s'étaler sur le divan. Elle reste là, à me fixer, les yeux flamboyants, avec une tête furieuse de chat en colère. »

Elle tourne les pages à toute allure, j'ai à peine le temps de noter.

On entre dans les nuages.

Après tout, ce pourraient être de faux passagers.

« Je ne reconnais pas sa voix. On dirait les coassements d'une grenouille. »

L'action se précipite.

Je vois enfin la couverture : James Hadley Chase, *l'Abominable Pardessus*.

File d'attente des taxis. La dame au chat opéré me fait un sourire enthousiaste.

Il y avait aussi : « Elle essaye de me mordre la main, mais je lui enfonce les doigts dans les joues pour lui bloquer la mâchoire. »

A l'arrivée à Paris, une femme pour ajuster la passerelle de sortie. Elle n'y arrive pas : « merde ! ».

Énorme province.

Vavin. Les boîtes de travestis et de lesbiennes ont été remplacées par des restaurants. Plus de *Carrousel*, plus d'*Elle et Lui*. A la place : *Dickens Tavern*. Le *Sainte-Beuve*, discrète maison de rendez-vous, est devenu un hôtel trois étoiles bien respectable. Spots lumineux sur la façade jusqu'au toit, « rien de caché ». Ton fantôme est en train de jouir, là-haut, derrière la deuxième fenêtre, à droite.

Le vélo dans les marais. Goélands, mouettes, les hérons s'envolent. Sept heures au village, la boulangerie ouvre, croissants chauds.

Bordels d'autrefois : rue Joubert, *Les Marronniers, Les Glycines, Les Camélias,* La rue Le Châtelier. Gisèle (Début du *Cœur Absolu.*)

Dix-huit ans à Bordeaux, vieille librairie, *l'Expérience intérieure* trouvé par hasard au fond d'un rayon poussiéreux en désordre. J'ouvre, je tombe sur *le Supplice,* l'événement du rire sans raison, rue du Four, parapluie tombé sur la tête. Vingt ans, lecture du *Lascaux,* je sors dans la nuit sur la digue, la lune brille, vent léger. La descente dans la grotte, l'année suivante, l'arrivée du son des peintures. Mon grand-père maternel est originaire de cette région. Terrain à pic de

Puy-l'Évêque. Paysage ouvert, bruits de couverts lointains, odeurs de confit, cimetière. Sceau du sans-temps. Retrouvé à Long-Men, bouddhas dansant dans la pierre.

Je me pince: « Tu n'oublies pas ce moment. » Je retrouve le geste et toute la séquence: *comme un rêve.*

Les jésuites fouillant les chambres pendant les cours, à Versailles. Hôpital militaire: Wittgenstein.

Début des années soixante, *les Recherches logiques,* un matin de brume, en Belgique. Knokke-le-Zoute, festival de cinéma d'avant-garde, *Scorpio Rising, Flaming Creatures* (interdit, vu dans une chambre d'hôtel, assis par terre à côté de Godard). Les types et les filles se shootant dans les toilettes. *Flaming:* travelos dans des cercueils jouant les vampires. A l'arrière d'une voiture, ivre, je vois des cordages, des mâts.

Une curieuse solitude: table de jardin, Ré.

Le Parc : villa Niel, appartement vide, terrasse.

Drame : rêves ; *ciel, un soir*. Fin à Venise.

Nombres : saignements de nez, Amsterdam.

Lois : entièrement refait, planage euphorique.

H : un dimanche, soleil, Amos.

Paradis : nuits, Bach, terrasse à New York, *pointe du stylo*.

Femmes : *décision,* nuit à Venise. Zacharie.

Portrait du Joueur : voyage à Bordeaux, *la rivière*. Les lettres.

Le Cœur Absolu : Mozart, Casanova.

Les Folies Françaises : la première phrase, Sainte-Colombe.

Le Lys d'Or : rêves, dialogues. Lao-tseu. Prénoms.

Chaque fois, les phrases se sont mises à fonctionner avant que je sois là, ou plutôt leur espace, leur air. J'ai continué, ce qui veut dire : garder le commencement, sans cesse.

Le « groupe des sept ». « Les Japonais

ont démenti dans la soirée. » « La devise américaine. » « Taux d'escompte relevé d'un demi-point. » Émeutes à Rangoon. Président du Pakistan explosé en vol. Soljénitsyne sera-t-il invité à Moscou ? Grèves en Pologne. Les morts de Gaza. Tremblement de terre au Népal. Le sida a ses vedettes. Repli du Deutschmark. Autoroutes sous Paris. Problèmes du câble. Viols. Processions concurrentes pour l'Assomption. Déplacement d'un juge par la Mafia. Meurtres de petites filles. Bateau naufragé sur le Nil. *La rentrée littéraire.*

Photo Lipnitzki-Viollet, Céline à Meudon vers 1955. Grilles, barbelés, boîte aux lettres. Son écharpe blanche. Téléphone depuis *Tel Quel,* pas du tout le début de Rigodon, au contraire : « Venez me voir ! »

Fargier m'envoie de Mission Beach, en Australie, la photographie d'un *rainforest butterfly typical of North Queensland* : *Ulysses* or *Mountain blue,* papillon bleu et noir. Salut.

A pas de loup dans le jardin, pour rien.

Le chat sur le muret. On s'observe. Scintillement de Vénus. La Grande Ourse, carré d'herbe noire. Le cloître de Santa-Croce.

Reprendre le codage (*cf.* le carnet rouge, dans *le Cœur Absolu*).

Boulevard Richard-Lenoir, tout à coup, le rat. Elle photographie le génie de la Bastille. « Pourquoi ? » — « Les Américains veulent la Bastille » — « Pourquoi ? » — « L'Opéra, la Révolution française » — « Pourquoi pas la Closerie ? » — « Ah ! non, c'est déjà fait, Fitzgerald, Hemingway. »
Elle venait de me dire : « Il ne se passe vraiment rien, quel ennui, j'en ai marre d'entendre parler de Walesa et de Gdansk ». Et aussi : « Tu n'aimes pas Dali ? Ah ! bon. »
Le rat lui a fait peur, tout de même. Mais pas de photo (elle aurait eu le temps, il est repassé deux fois).

J'ai découvert Paris récemment.

Il vient d'achever un livre. C'est le matin.

Il referme sa machine à écrire, regarde par la fenêtre et se dit: bon, et maintenant il ne reste plus qu'à attendre la répression.

Quelqu'un se met à te faire la morale. Écoute bien: toute sa généalogie est en jeu. Deux sciences à fonder: physiologie de la lecture, gynécologie de la morale. Un con ou une conne en train de moraliser, c'était déjà un plaisir. Un salaud ou une salope, plus encore. Laisse durer, endure: une sorte d'extase est au bout, paysage du temps, origine muette en convulsion, convaincue, touchante.

Une dame d'un certain âge me dit: « Ce que je n'aime pas, dans *Femmes,* c'est la manie qu'a le narrateur de répandre son sperme sur les seins de ses partenaires. » — « Tiens, dis-je, c'est curieux, cette scène n'existe pas. » — « Mais si » — « Mais non! » Son œil fixe. La voix venant d'à côté d'elle. Une autre, jeune et grosse: « Je n'aimerais pas me retrouver seule avec vous dans un couloir. » — « Pourquoi? » —

« Avec votre manie d'enculer les femmes... » — « Vraiment ? » C'est *sorti,* comme ça, rapidement, comme si cette phrase avait été prononcée des dizaines de fois en plein sommeil éveillé. Plus tard, probablement : « J'ai dit ça, moi ? Impossible. »

Comme écrivain, vous avez gagné si tout le monde considère que tout ce que vous avez écrit est vrai, donc que rien n'a été écrit.

De même si vous engendrez une réprobation de fond. Exemple : Venise est une ville fantôme, en cours de disparition, vouée à la mort comme à une mélancolie définitive, etc. Juste réaction, finalement, face à la joie diffuse, à la beauté sans limites. « C'est très angoissant. »

Vous inventez un espace mobile, indéfiniment ouvert : « Quel monde fermé ! »

Vous écrivez quatre cent cinquante pages

rythmiquement impeccables. Vous obtenez trois réflexions malveillantes sur trois détails. Tout va bien.

Photo. Je pose ma joue droite contre la cuisse gauche de la femme du *Baiser,* de Rodin. Pendant dix secondes, au milieu des visiteurs du musée, il n'y a que la sculpture de vivante. Dans cent ans, même instant possible. Cette possibilité, rien d'autre, détermine tous les désirs.

« C'est bien, vous avez exactement le genre de queue qui me plaît, ni trop grosse, ni trop petite. Vous devriez en faire une description plus détaillée dans vos livres. »

Freud (à peu près) : « A cette époque, quand je sortais dans le monde, tout se passait comme si j'étais recouvert d'une couche de peinture fraîche. »

« A propos, la scène du bordel, c'est

vrai ? » — « Non. » — « Ça a l'air vrai quand même. »

— Qu'est-ce que vous faites ?
— Je donne des cours de *quand même*.

Un psychanalyste sérieux : « Tu sais, moi, je fais de la tuyauterie. Je leur fabrique des sphincters plus propres. »

Un jeu. « Vous changez de sexe, vous aimez les hommes ou les femmes ? » Les hommes répondent lentement, voire pas du tout. En revanche, toutes les femmes s'exclament : « Les hommes ! » — « Les femmes ! » Pratiquement personne ne met en question la question.

Un petit garçon : « **Toi** tu es Maître Hibou » (personnage de feuilleton télévisé pour enfants).
— Pourquoi ?
— Il aime être seul. Il fait craquer les branches.

Elle disait souvent: « si ce n'est que... »
Et lui: « moyennant quoi ».

« Vous êtes trop dans les médias », dit-il d'un air sombre.

Il pensait vraiment que sa famille, depuis le fond des âges, lui demandait de défendre la Révolution Française. Sa voix tremblait.

Elle disait « non » à propos de n'importe quoi. Ce « non » était un *oui* incessant à l'enfant qu'elle n'avait pas eu. De sorte qu'on n'entendait que lui, c'était drôle.

Terminé *le Cœur Absolu* le 28 septembre 1986 à 18 heures à Venise. 30 septembre, messe aux Gesuati. Saint-Jérôme. *La Scrittura*. Le grand ostensoir d'or est sorti. Il rayonne, sur fond rouge, dans toute l'église.

A Paris, été indien. Les testaments de

Stendhal. Il se voyait mourir, chaque fois sous une identité différente. Le problème de l'épitaphe. Le même que celui de la photographie, au fond.

Le plus difficile: recommencer les cheminements, les anticipations, les évaluations pour rien, les erreurs.

Florete flores quasi lilium et frondete in gratiam.

« Les douze *concerti grossi op. 6* de Haendel furent pratiquement composés d'un seul trait entre le 29 septembre et le 30 octobre 1739. »

Fleur de montagne: *Monnaie du pape.* En italien: *Moneta del Papa.* En anglais: *Great money flower.* En allemand: *Judas Silberblatt.*

Que peut devenir le sujet? Proust: « une

église, un quatuor, la rivalité de François Ier et de Charles-Quint ». La clinique du docteur Solliès, en 1905 : « Chambres d'été où l'on aime être uni à la nuit tiède. »

Saint-Simon : « Je ne sais si ce fut ignorance ou panneau... »

Nietzsche : « Les clowns et les danseurs de corde sont les seuls acteurs dont le talent est incontesté et absolu. »
Et encore : « Il faut rester bravement à la surface... croire à tout l'Olympe de l'apparence. »
Et encore : « Je suis aussi seul que lorsque j'étais enfant. »

Si tout le monde ne prenait plus rien, *rigoureusement,* au sérieux, le Messie serait là dans l'heure qui suit.

Si je ne lui déplaisais pas tant, je lui plairais beaucoup.

— Vous avez eu tort.
— J'en conviens.
— C'est vous qui avez été perdant.
— Mais bien sûr.

Quand deux individus se désirent vraiment, le démon souffre.

Baudelaire : « Connais donc les jouissances d'une vie âpre, et prie, prie sans cesse. »

Constantes de l'art baroque (applicables au roman) : l'illusion comique, l'île enchantée. Laisse-toi sermonner, continue comme si de rien n'était. « Saisie du réel en devenir comme système d'apparences flottantes » (Wölfflin). « Oubli des fonctions et mobilité de l'espace » (Focillon). « Libération spatiale et interpénétration des éléments. » En espagnol : *engaño* et *desengaño*. Borromini, coupole de Saint-Yves de la Sapience. Génie de Le Nôtre (pas un livre sur lui).

Musée d'Orsay : ça y est, ils ont enfin

leur construction stalino-fasciste légitimée. Tant d'efforts pour écraser Manet. Il le méritait. Visage de Gae Aulenti quand j'ai croisé, à table, mon couteau et ma fourchette. Elle venait de dire que le diable était « probablement Wojtyla ». Lourde bouffonnerie, tango des vampires.

Voltaire, *le Siècle de Louis XIV*: « Chaque époque a ses *modes de crime,* comme d'habit. »

Orsay, vengeance contre deux merveilles : le musée Rodin, le musée Picasso (peintre et son modèle, mousquetaires). Chaque fois que Picasso veut se dégager et se relancer : hommage à Manet. Mallarmé, sur Manet : « railleur à Tortoni » (café des Grands Boulevards). Nihilisme, haine de l'art, académisme, institutions régressives : profond consensus national. Fausse Égypte dix-neuvième, revue et corrigée par l'histoire concentrationnaire. Ajoutez la pyramide du Louvre, et la boucle est bouclée. L'obélisque frémit devant Nana, indifférente, sa houppette à la main. Ce qui ne sera jamais pardonné: la rupture de l'illusion collective par quelques écrivains et artistes. *Quelques*. Baudelaire: « Les nations n'ont de grands hommes que malgré elles — comme les familles. Elles font tous leurs efforts pour n'en pas avoir. Et ainsi, le grand homme a besoin, pour exister, de posséder une force d'attaque plus grande que la force de résistance développée par des millions d'individus. » D'où il s'ensuit qu'il « est vainqueur de toute sa nation ».

C'était déjà la même chose à l'exposition *Vienne*, à Beaubourg: Freud mis sur le même plan que les aquarelles d'Hitler.

La spéculation sur Bouguereau. Balzac: « Le faux, en politique, a tendance à devenir vrai pour durer. »

X., critique littéraire officiel, qui ne sait même pas que Joyce a écrit *Finnegans Wake* à Paris.

Chez Laure, dans le Marais. J'essaye de lui expliquer pourquoi son prénom me trouble. Champagne. Elle joue pendant une heure des sonates de Scarlatti. Je voyais la peinture bleue et rose du clavecin en même temps que la neige, dans la fenêtre. Le feu de bois, la musique : comme si nous n'étions pas là.

William Byrd (1543-1623), *Missa in tempore paschali*. Contemporain de Shakespeare, point clé du schisme. Messes catholiques clandestines. On l'entend.

La période romaine de Haendel (*Dixit dominus*). Rafale dans l'anglais, triomphe.

Elle criait presque dans la rue : « Il faut que je trouve un Jules ! Il faut que je trouve un Jules. » Comme une voiture qui se serait mise à bramer : « de l'essence ! » J'étais le garagiste, il fallait que j'arrange ça.

Blessure, le sang. Beau passage dans

l'Œuvre au noir, de Yourcenar (la mort de Zénon). Envie de laisser couler, baignoire. Intéressant qu'une femme soit à son meilleur niveau en racontant le vidage minutieux d'un homme.

Borges à l'hôtel des Beaux-Arts me parlant soudain, sans raison, à l'aveugle, des putains françaises de Buenos Aires (« les meilleures »).

Très tôt, art du cloisonnement. Jamais regretté. C'est la règle numéro un, sentie d'instinct. Réseaux reconstruits plusieurs fois. « Attentats » (automatiques).

Ceux qui croient que vous n'écrivez qu'au speed.

Une interview de Mandiargues : « Je suis comme Breton, j'ai le plus grand mépris pour Molière. » Gracq : « Non, je n'aime pas Mozart. » Aragon : diatribe contre Proust (j'étais ahuri). Nous voilà prévenus.

Écrire en regardant un western. Entendre : « Il y a deux choses qui vont au cœur de l'homme, les balles et l'or. »

Au moins quatre fois à New York : la fille, ivre, vous ramène chez elle, commence à bafouiller, recroquevillée dans un coin, pleurant. Elle finirait par vous insulter si vous ne vous éclipsiez pas. Style de la région, sans doute.

« C'est maintenant, ami lecteur, qu'il faut disposer ton cœur et ton esprit au récit le plus impur qui ait jamais été fait depuis que le monde existe, le pareil livre ne se rencontrant ni chez les anciens ni chez les modernes. »

Sade écrit cela tranquillement, *et c'est vrai.*

« Sans doute, beaucoup de tous les écarts que tu vas voir peints te déplairont, on le sait, mais il s'en trouvera quelque-uns qui t'échaufferont au point de te coûter du foutre, et voilà tout ce qu'il nous faut. »

On le sait.

Ne pas oublier les sous-titres de Sade, *les Instituteurs immoraux, Dialogues destinés à l'éducation des jeunes demoiselles* pour *la Philosophie dans le boudoir* (1795) et *l'École du libertinage* pour *les Cent Vingt Journées du Sodome* écrit à la Bastille vers 1785-1787.

L'éducation des filles, des femmes, est la grande affaire de la philosophie française. Le reste est superflu ou s'ensuit. L'œuf philosophique consiste à civiliser vicieusement la poule. On aurait fait mourir de rire Sade en lui assignant sa place à table à côté de Kant. Glorieuse Sophie française. Dans la nuit de la Sophia allemande tous les chats sont gris. Femmes des philosophes: tirons l'échelle (l'importance de Mme Heidegger est encore loin d'être connue). Jeunes filles en fleurs, renversement: le narrateur est une fille un peu attardée, instruite par ses copines.

Bataille et son grand tube d'aspirine. « Boire me rendait malade. »

Balzac: « La charité doit être aussi savante que le vice. »

Que fait Balzac, à l'automne 1847, pendant cinq mois, en Ukraine?

Sa sœur: Laure Surville.

L'incroyable lettre du 29 novembre 1849, pour parler du traitement suivi par Mme Hanska, les pieds dans un cochon de lait:

« Sa mère est morte d'une humeur arthritique, et elle en a déjà reçu les atteintes, elle a des gonflements goutteux aux pieds et aux mains causés par l'abondance de la lymphe; et elle suit un traitement qui, après six mois, a produit d'excellents résultats. Tous les deux jours, elle plonge ses pieds dans un cochon de lait qu'on ouvre, car il faut que les pieds entrent dans les entrailles palpitantes. Il est inutile de te dire avec quelle ferveur crie le petit cochon qui ne comprend pas l'honneur qu'on lui fait et qui voudrait s'y soustraire. »

Vous exagérez! Vous soutenez qu'un frère a pu écrire cela à sa sœur en parlant de sa fiancée?

Mme Hanska, on s'en souvient, était entourée de médecins fort étranges.

Dans la même lettre: « Moi, j'ai repris le traitement de ma maladie de cœur il y a huit jours. Cela consiste en poudres et en mixtures »...

Le comte Hanski meurt le 10 novembre 1841. Mais Balzac n'en est informé que le 5 janvier 1842. Elle le fait attendre encore neuf ans (il est en Ukraine de septembre 1848 à avril 1850). Il est *soigné*. Testament Balzac-Hanska en 1847. Lettre à Laure de mars 1850. Dernière lettre le 1er juin. Le 4 juin, *donation mutuelle de tous les biens des époux* (le mariage a eu lieu en mars) *en cas de décès*. Il meurt le 10 août (Hugo à l'enterrement).

Balzac poussé à bout en Ukraine, puis, fort logiquement, à Paris? Un scoop.

La Hanska meurt en 1882.

L'histoire littéraire est frivole. Ne voilà-t-il pas un petit roman très *balzacien*? et peut-être, plus encore, *sadien*?

« Il prie à tout moment la mort de l'aider à vivre » (Balzac).

La couleur rend tout plus rapide (TV).

« Aujourd'hui je préfère le raisonnable

bordeaux... Toi, bordeaux, tel un frère, compagnon universel, dans le malheur et dans le chagrin, tu es toujours prêt à rendre service, ou à partager la douceur du loisir, et vive le bordeaux notre ami! »

De qui est-ce?

De Pouchkine (1799-1837).

Le russe est encore plein de français, l'allemand va venir.

« Je vivais alors dans la poussiéreuse Odessa. Là les cieux longtemps demeurent clairs, là le commerce abondant s'empresse de hisser ses voiles. Là tout respire et sent l'Europe, tout brille comme le Midi et se colore d'une vivante variété. La langue de l'Italie dorée résonne gaiement dans la rue... »

« L'indulgent casino. » « Les huîtres... Les recluses grasses et vivantes, légèrement aspergées de citron »... « Ne tenant nul compte de la critique, il est toujours le même et toujours nouveau »... « La lorgnette fureteuse et les rendez-vous dans les coulisses, et la *prima donna,* et le ballet »... « La nuit règne, silencieuse et chaude. Pas un souffle. La lune est montée. Un léger voile transparent s'étend sur le ciel. Tout se tait; seule la mer Noire murmure et bruit. »... « Promenades, lectures, profond sommeil, ombre des bois, murmure des sources, parfois le jeune et frais baiser d'une gentille campagnarde aux yeux noirs, un cheval fougueux docile à la bride, un fin dîner, une bouteille d'un vin transparent, la solitude, le silence... »

« On lui refuse, il se console tout de suite. On le trahit, il est content de souffler. »

« Va donc vers les bords de la Neva, œuvre qui vient de naître, et mérite-moi le tribut de la gloire: les commentaires tortueux, la rumeur, l'injure. » (Toujours Pouchkine.)

« Le Sud, école de guérison. » (Nietzsche.)

Baudelaire:
Si vous alliez, Madame, au vrai pays de gloire
Sur les bords de la Seine ou de la verte Loire...

Dardanus, de Rameau; John Eliot Gardiner.

Je me souviens. Elle venait de jouir : « Tu crois que c'est un péché ? » — « Mais non, j'ai une dispense spéciale. »

Elle était très curieuse de cette dispense spéciale.

Elle était athée (belle phrase). Elle baisait activement pour me prouver que j'avais besoin d'elle. Découvrant les ressources du christianisme, elle devint chaste. *Ce qu'il fallait démontrer.*

Au fur et à mesure, tu te sens responsable de tous les écrivains morts, vivants, à venir. Grande responsabilité. Quelle foule ! Plus de temps pour les autres.

Si quelqu'un est fait pour le bien, pousse-le au bien. S'il est fait pour le mal, va pour le mal, puisque c'est sa seule chance de découvrir le bien, *à force.*

Roch Hochana : mon émotion à la synagogue.

C'était Noël. Ils bouffaient, buvaient, disaient du mal, sans joie, d'un peu tout le monde. J'insistai pour regarder en silence et intégralement la retransmission de la messe de minuit à Saint-Pierre de Rome. Beauté du spectacle. Consternation.

J'aime quand le pape fait le tour de l'autel avec l'encensoir.

L'encensoir, l'ostensoir, le ciboire — les plus beaux instruments de la musique du silence catholique (parfumer, voir-manger, boire).

Nuit, les photos à la loupe. Tous les moments se lèvent, un seul jour.

Nabokov : « Dans une œuvre d'imagination de premier ordre le conflit n'est pas entre les personnages, mais entre l'auteur et le lecteur. »

« Peut-être faut-il expliquer que les thèmes, en matière de jeu d'échecs, sont des stratagèmes tels que embuscades, abandons de garde, clouages, déclouages, etc. mais c'est seulement quand ces manœuvres sont combinées d'une certaine manière qu'un problème est satisfaisant. »

« Comme si la mort était une noire souillure, un secret de famille honteux. »

L'audition colorée, dans *Autres Rivages*.

Le 20 mai 1940, à Saint-Nazaire, l'embarquement sur le *Champlain* pour New York. Il voyait donc l'île de Ré au loin (les Allemands, bientôt, rasant nos maisons).

« Là, durant un instant, apparaissait la silhouette de mon père, dans son costume d'été blanc que le vent faisait onduler, glorieusement étendu de tout son long, les membres dans une posture curieusement nonchalante, son beau visage imperturbable tourné vers le ciel. »

Jolas, sur Joyce : « Un dimanche, il insista pour nous emmener dans une petite ville du département de l'Eure, dans une autre région de Normandie où se trouvait la tombe du premier évêque de Dublin, Lawrence O'Toole. C'était une journée étouffante de juillet, et nous arrivâmes exténués dans une voiture que nous avions spécialement louée. Personne en ville ne semblait avoir entendu parler de la tombe du héros irlandais ou même du fait qu'il serait venu de son île d'émeraude comme missionnaire pour convertir le continent. Après une promenade autour de l'église locale, nous apprîmes finalement que dans une aile du bâtiment se trouvaient quelques tombes oubliées et nous descendîmes par des corridors sombres et poussiéreux. Il me fallut mener mon ami à moitié aveugle au travers des ténèbres d'une caverne pour trouver enfin la pierre tombale au milieu d'un tas de squelettes et d'inscriptions. Joyce se tint là dans l'ambiance sépulcrale, méditant intensément, et il resta longtemps silencieux, après quoi nous avons regrimpé vers la surface. »

« A cette époque, j'étais toujours frappé par sa profonde solitude. » (Celle de Joyce : on croit rêver.)

Nabokov, le style : « une éblouissante suite d'omissions d'idées intermédiaires, et vous ne pouvez pas singer une omission, car vous ne pouvez vous empêcher, dans votre esprit, de combler de quelque manière la lacune, donc de l'effacer ».

Dickens Tavern a donc pris la place du *Elle et Lui*. *Le Carrousel* a donné lieu à deux établissements plus modestes : une cafeteria (plats chauds, sandwiches, pâtisseries, viennoiseries, jus de fruit frais, glace, take out) et un *Cookie creations*, dans lequel il est interdit de fumer. Plus de prostitution ouverte. Rien à trois heures du matin (disparition du merveilleux *OK* à enseigne rouge, de l'autre côté du *Balzac* de Rodin). Sur les routes, vide à partir de huit heures (télévision). Le *Balzac*, lui, est de plus en plus beau, vert, délicat, raffiné, sauvage, — la tête, l'aplomb, la diagonale, poids, légèreté, les yeux, la bouche, le nez.

Les choses se font toutes seules, à travers les aveuglements, les singularités, on peut discerner comment, ça dépasse l'expression globale, comme si « Dieu », après tout, « veillait ». Reste sur le détail senti et concret, rien d'autre.

Documents de la Centrale surréaliste. Le « cahier de permanence » de *Tel Quel* était beaucoup plus délirant et drôle, si je me souviens.

Messe du matin : simplement l'éveil des murs, la sacristie, la clochette, confirmation, dehors, des lauriers-roses et de l'eau.

Il n'y a ni crise, ni défaite de la pensée, ni apocalypse des valeurs, il n'y a que de la paresse : oubli de se lever tôt, de noter sa mort.

— Pourriez-vous écrire et publier ce que vous pensez *honnêtement* (honnêtement : ce que vous dites, sans sollicitation particulière, dans des conversations privées) de tel ou tel livre ?
— *Impossible !*

La petite troupe compacte, familiale, de ceux qui, pensant à vous *très souvent,* ont décidé que vous n'existez pas et que votre nom doit magiquement disparaître. Je les nomme? Chiche! (Rôle des femmes: les fichus siciliens, corses, bretons.) Inhibition sexuelle en commun, paysannerie des ombres.

Tennis: le court est comme les marais salants, comme la page. Filet, angles, lignes, couloirs.
La raquette.

Le Cavalier polonais de Rembrandt à la Frick Collection, New York. Jour de pluie douce. Gare maritime à Venise, l'eau déborde. L'encre du matin, humide et calme, elle sèche bien, pas trop vite, elle se *buvarde,* elle sort du courant comme la tortue de la Luo (petit pont de bambous, ravin noir, terre jaune) avec ses caractères sur la carapace. Chine de l'encre: respecte-la.

Ma mère (quatre-vingt-deux ans) au téléphone:

— Il paraît que tu es misogyne.
— Moi?
— Une dame est venue me trouver, elle m'a dit: votre fils est misogyne.
— Comment ça?
— Dans un de tes livres, là, elle m'a montré un passage et elle a dit: « vous voyez bien qu'il est misogyne ».
— Une dame de quel âge?
— Je ne sais pas, moi, plutôt jeune, une cinquantaine d'années.
— Elle est bête?
— Ah! non, pas du tout, très énergique.

Je suis pour les calmants, *tous* les calmants. Éloge de la morphine.

68-78: énorme liberté d'ensemble. Avant, c'est avant, et après, après. De quoi écrire cinquante romans.

« Je crois les jeunes peintres beaucoup plus intelligents que les autres, les vieux ne peuvent voir en moi qu'un rival désastreux... Un peu de satisfaction morale, mais pour ça il n'y a que le travail qui puisse me la donner, ferait beaucoup pour moi. » Cézanne, 15 octobre 1906.

Louvre, *Portrait de Gustave Geffroy* (1895). Les carnets, les livres. La photo prise par Émile Bernard, en 1904, devant *les Grandes Baigneuses* (pantalon taché de peinture). L'extraordinaire *Carrière de Bibémus,* la *Vue du Château Noir.* Le *Portrait de Vallier.* La mort vaincue en plein jour, bleue, jaune, affirmation, plan par plan, l'assise.

L'article de Jacques Rivière sur Cézanne, 1910 : « Cézanne n'était pas le maladroit sublime que tend à nous représenter une certaine légende. Ses aquarelles révèlent au contraire une habileté vertigineuse... Il avait l'amour de la *localité,* il comprenait avec quelle ferveur les objets adhèrent à l'endroit qui leur est donné... La même pesanteur maintient les choses dans le temps qui les maintenait dans l'espace... La couleur est immobile, elle vient du fond de l'objet, de son essence ; elle n'est pas son enveloppe mais l'*expression* de sa constitution intime. »

Le livre de Rivière, après la Première Guerre mondiale : *l'Allemand,* diagnostic le plus clair de ce qui va surgir.

Personne n'est plus injustement et intentionnellement *oublié* que Rivière (son catalogue : Claudel, Proust, Artaud).

Essaye de vivre toute une journée en esprit, à chaque instant, dans un tableau de Cézanne. Tu verras bien.

Le dix-neuvième concerto pour piano de Mozart, *Couronnement*, Maurizio Pollini, Karl Böhm. Déploiement des timbres. Les noirs distincts, creusés, tubés, illuminés.

On lui a dit : « Nous vieillissons tous, sauf toi. Tu es suspendue dans le temps. »

Nouvelle carte de Fargier depuis Sydney (New South Wales). « On dirait Bordeaux. Toujours à la recherche de France. Ce soir, 2 septembre, je bois de la bière polonaise dans un restaurant thaï. Et je suis surpris quand on s'adresse à moi en anglais (*some more rice, sir?*). Demain la suite en gros plan, zoom avant sur le coin du tableau. »

L'autre vue est donc, dans le port, à gauche, l'*Opéra House at dusk,* grande fleur sur l'eau. Fargier a écrit au recto : « Dommage qu'il ne soit pas à la Bastille. »

Le mot *dusk.*

Sade : « C'est aux principes de dicter la manière de le perdre (le foutre), et, qu'on bande ou non, la philosophie, indépendante des passions, doit toujours être la même. »

Tu vis, comme chacun, dans ce monde renversé. Tu dois donc toujours faire le contraire des ordres pressants qu'il te donne, et aussi, parfois, le contraire du contraire en même temps pour le désorienter et te rappeler ce qu'est le contraire.

Le secours vient quand il faut.

Nietzsche : « J'espère donner aux livres un nouvel intérêt, et des ailes. »

Incarnat : qui est d'un rouge clair et vif.
Carnation : teint, coloration de la peau.
Carné : œillet carné (couleur chair).

Le *Et incarnatus est,* dans la messe en ut mineur de Mozart. Broderie, tendons, nerfs, cartilages, phalanges. *Factus est.* De tous les côtés, flûtes, hautbois, clarinettes, bassons. Plutôt trois fois qu'une. Il est dix heures du matin, hérons gris et blancs, mouettes, goélands, canards. J'écoute au milieu d'eux, dans le bleu. Souvenir de Schwarzkopf faisant répéter l'air à une chanteuse : « Mais enfin, mademoiselle, rendez-vous compte que vous exprimez le plus grand mystère jamais conçu. Reprenez de plus loin, s'il vous plaît. Encore. »

Le marteau sans maître : et la faucille sans maîtresse, donc.

Déguisé en maoïste pour voir l'université jésuite Aurore, à Shanghai. La tombe de Ricci. Leibniz, la querelle des rites. « Tout système est vrai en ce qu'il affirme, faux en ce qu'il nie. »

Il faut absolument choisir ? Les sonates de Haydn.

J'essayais de lui faire comprendre que le paradoxe est une nécessité technique. Il trouvait ça paradoxal. J'insistai, pourtant.

Du peu d'érotisme : en effet, très rare. Potentiel, percées timides, vite étouffées au blanc, à la merde. Ne peuvent tenir le négatif en soi. Sade, inlassable, comme l'envers, lui-même inlassable, du refoulement. Elles, voulant être baisées pour qu'il n'en soit plus question : acte tampon, lavement, piqûre de complétude narcissique.

Ce n'est pas le temps qui fuit, mais la présence éveillée dans le temps.

Elle ne me plaisait pas, mais elle était très jolie. Je me disais qu'elle *devait* me plaire (influence des magazines, « être vu avec »).

Paradis : je rêvais du mouvement, écriredormir-se réveiller-écrire-continuer d'écrire en dormant, comme le vent sur l'eau, sans relâche, arriver à l'immobilité même par la mobilité continue. J'ai vraiment essayé, il doit y avoir des lueurs.

C'est possible.

« Quand bien même lancé dans des circonstances éternelles, du fond d'un naufrage. »

Coup de dés, plus intelligible que jamais.

(*Igitur*: « scintille le feu pur du diamant de l'horloge, seule survivance et joyau de la Nuit éternelle ».)

(« Il réduit le hasard à l'*Infini* — qui, dit-il, doit exister quelque part. »)

Les « subdivisions prismatiques ».

« Une insinuation simple au silence enroulée avec ironie. »

« Sa petite raison virile en foudre. »
Plaisanterie:
— De quoi s'agit-il?
— ICQ.
— ICQ?
— *Inférieur clapotis quelconque.*

J'aime le nom de *Louvois.*

Promenade au Champ-de-Mars. La vie de touriste à Paris. Chaque matin : voyons. Comme si j'étais à New York, à Londres.

Pourquoi ce manque de curiosité, partout ? Elle : « La curiosité, selon Freud, était de savoir d'où viennent les enfants. Aucune raison de se déranger, maintenant : on sait. »

Nous demandons au jeune homme qui est allé, selon elle, se branler contre Marguerite Duras, de se faire connaître. S'il le désire, nous publierons son récit. Il y a droit. Elle prétend qu'elle n'a pas bougé pendant l'acte. Est-ce bien vrai ? Et vous ? A quoi pensiez-vous avant ? Pendant ? Après ? Lecture assurée, discrétion garantie.

William Howard Adams, *les Jardins en France :* « Nulle part ailleurs qu'en France la transformation d'un paysage naturel en œuvre d'art n'a offert une vision plus prodigieuse. » Jacques Androuet du Cerceau, *les Plus Excellents Bastiments de France.* Adams :

« L'étude de l'histoire du jardin français sommeille depuis plusieurs décennies, après avoir connu une grande activité, surtout en France, au début de ce siècle. Encore maintenant, c'est à peine si l'on a entamé la croûte de l'histoire de la grande période des jardins français du dix-huitième siècle. Il n'existe aucune approche sérieuse de l'exemple le plus achevé du Grand Siècle, Vaux-le-Vicomte. On n'a effectué que peu de recherches fondamentales sur les sources des autres grandes réalisations de Le Nôtre. Il n'y a donc pas plus de biographie correcte de cet homme en français qu'en anglais. » (1980.)

— Vous connaissez Le Nôtre?
— Le jardinier?

Vallier, jardinier, dernier tableau de Cézanne.

Monet à Giverny, seul.

Manet: *Un coin du jardin de Bellevue. Rueil.*

Portrait de Mallarmé: les mains, le cigare.

Cézanne, dessins d'après Pigalle, Puget, Coysevox. Le *Pierre Mignard* de Desjardins.

L'Amour, de Puget, se retrouve dans *Nature morte avec l'Amour en plâtre* (vers 1895), étourdissant d'aisance. La nature est morte, l'amour est en plâtre, la peinture est retournée, seule la toile est vivante.

Picasso, *Baigneuses à Biarritz* (1918).

Expérience des gris. Grisant. Grisettes.

Après avoir entendu Scarlatti à Venise, le musicien irlandais Roseingrave dit à Charles Burney qu'il « a eu l'impression que dix mille diables manipulaient l'instrument ». Il a été, à Rome, Scarlatti, maître de chapelle de la reine de Pologne. Puis Maria Barbara, et ce qu'on sait (et ne sait pas).

Bourrasques.

X. Son obsession du kitsch est, bien entendu, une défense contre celui qu'il sent *en lui.* Dans la féminisation réglée et obligatoire, tout devient peu à peu cliché, stéréotype. A la fin, il n'y a plus qu'une vieille femme qui radote (Beckett, *Not I*). Le rideau tombe. L'homme se tait. La bouche remue. Elle continue, même sans mots, à assurer l'évacuation, la chute.

Si vous aimez quelqu'un, aimez-le passionnément et à tout instant, c'est le temps en personne qui vous aime.

On peut aimer une femme et ne pas la trouver sympathique. On n'aime pas d'abord les gens sympathiques. Et puis on s'y fait, c'est moins ennuyeux.

Sade : « le principe de délicatesse ».

Les retardeurs, retardeuses : petits démons de l'emploi du temps, les seuls fidèles, au fond. Leur mission obstinée, que rien ne rebute : vous faire perdre quelques heures, trois jours, la transition, le fil. Détourner, freiner, faire douter, voire même, et carrément, vous voler votre partition biographique.

La Bourboule, jardins du casino, la jolie curiste. Moi quinze ans. Elle ne voulait pas se laisser baiser. Elle me branlait tout le temps, parc la nuit, chaises de fer, foutre sur l'herbe. Au cinéma l'après-midi, l'imperméable, sa main, là. Elle devait avoir de grands fils.

Même époque, Denise : « tu aurais dû te finir dans le lavabo ».

Près de la petite maison en ruine, allongée sur l'herbe.

Portant le café dans la chambre, moi nu, bite contre la joue.

Rideaux rouges le matin, jus d'orange le soir.

Sur le perron, la nuit tombe, on se touche.

Les siestes, moi au milieu, tantôt l'une, tantôt l'autre, les chambres d'en haut (troisième étage), greniers, lucarnes.

« Comme deux sorcières qui font

Tourner un philtre noir dans un vase profond. »

Barcelone, Barrio chino, taxis, ascenseurs, frétillement de langue : « la mouche ».

Lettres de *Portrait du Joueur* : je tremblais en les recopiant à la machine. Étonnant.

Effets en profondeur des livres : *le Cœur Absolu*. Jamais écrit que pour changer la vie. *Femmes,* dans la nuit chaude, à Venise. Les tentures, le concert de Louise.

Appétit des femmes, *leur* appétit : elles se repassent le flambeau (c'est toi).

Simone, l'employée modèle. Organisée. Journée de bordel.

Imprécision de la mémoire ? Tu n'as qu'à revoir le lit, les miroirs, les draps.
Film en accéléré : habillé, déshabillé, rhabillé, etc.

Hésitation à écrire ? Revenir sur sexe, c'est là.

Les appartements et les rues de baise. Lumières de Paris.

Tout un chapitre pourrait s'appeler : *chez elles*. La salle de séjour, la chambre, la salle de bains, les terrasses, les sols, les cheminées, la musique. Les cuisines au petit matin.

Le haschisch, les « lignes ».

Après la Colombienne, quand tu jouais à mener ton corps comme un cheval, dans le style « l'âme et le corps ». Tombé, coma froid.

Rituel des joints, les yeux (*Das Augenlicht*), l'embarquement. Distorsion du temps (tu connais le coude), rires, baise prolongée, *roseraie*.

« Vous savez bien que le contrat est muet. Ça ne se dit pas. »

Carnet rouge : rapidité de l'effacement, contrepoids.

L'amnésie et la censure arrivent très vite. C'est automatique, *c'est fait pour ça*.

Fausses perspectives de « celles qu'on n'a pas eues ». (Surestimation.)

Sous-estimation des autres.

Science un peu particulière, voilà tout.

Et puis, banal : il y a tous ceux (hommes et femmes) qui vous en veulent de ne pas les avoir assez désirés à travers telle ou telle femme (leur femme, leur fille, leur petite-fille, leur maîtresse, une fille qu'il vous ont soufflée et à laquelle ils vous croyaient attaché, etc.).

Bataille et Genet, « au-delà ». Une vraie expérience : regard lavé, rieur, incrédule, retourné, simple.

L'Intermédiaire (1963). Exergue de Coleridge : « Je me suis à peu près fait à l'idée d'être une simple apparition. » J'aime *Background,* le cri sur la colline, l'écho.

TV sans le son, hasard des coups d'œil sur images : chevaux, crocodiles, grimaces, cadavres vrais et faux, baisers passionnés joués, arbres, pub, avions, bateaux, et puis sur l'écran, tout à coup, jeu-concours : « Quel est le peintre français célèbre qui a vécu à Tahiti ? »

Pinçures du temps. « Tu me mets aux anges » (récit d'Aimé, mots d'Albertine).

Proust : « Il arrive souvent qu'à partir d'un certain âge, l'œil d'un grand chercheur trouve partout les éléments nécessaires à établir les rapports qui seuls l'intéressent. Comme ces ouvriers ou ces joueurs qui ne font pas d'embarras et se contentent de ce qui leur tombe sous la main, ils pourraient dire de n'importe quoi : cela fera l'affaire. »

(Bergotte) « Rien n'altère les qualités matérielles de la voix comme de contenir de la pensée : la sonorité des diphtongues, l'énergie des labiales, en sont influencées. La diction l'est aussi. »

Dimanche, Zattere, Venise : les femmes ont des fleurs dans les cheveux, les canaux accostent, elles sautent légèrement pour courir acheter des glaces, ils repartent tous vers le large en léchant leurs cornets, vanille, pistache, fraise, café, chocolat.

Journal d'un homme de chambre.

Ils ne sont pas âgés, mais farouchement séniles.

Si c'est vraiment la société du spectacle dans sa phase ultime, alors j'avais raison, le grand penseur méconnu est Pavlov (*cf. le Cœur Absolu*).

J'aime ce titre de Condorcet (1781) : *Réflexions sur la règle générale qui prescrit de prendre pour valeur d'un événement incertain la probabilité de cet événement multipliée par la valeur de cet événement en lui-même.*

Sociétés secrètes : en général, sociétés de pensée. Mais société de sensations ? Une éthique par une esthétique.

Le Lys d'Or : LSD.

« Vous pensez vraiment que les hommes et les femmes n'ont rien à se dire ? »

Nuit blanche: jour plus *écrit* (hallucination).

Elle ne donne pas signe de vie: c'est inespéré.

Coefficient admissible de névrose familiale: trente pour cent. Même proportion que pour la corruption. Admissible veut dire: soixante-dix pour cent très forts par ailleurs. Sinon, infréquentable.

La *Pravda* fait semblant de réhabiliter Trotski. Soixante ans en fumée (« un coup de piolet si vite oublié » — *Lois*). *Il faut ce qu'il faut.*

« Révolution »: pourquoi la société devrait-elle être réelle? Drôle d'idée. Reste la souffrance. Pas de solution. Médecine.

Sentimentalisme de la marchandise.

Mes livres étaient sur le piano. Elle les retournait dans la journée pour que les visiteurs ne puissent pas voir le titre et le nom de l'auteur. Je les remettais à l'endroit, le soir, en rentrant. C'était mon premier geste, avant d'ouvrir la fenêtre.

Ce n'est pas que tu aies tort ou raison, cher ami, tu es simplement dans la *pellicule* spectaculaire. Tu n'es pas invisible, inaudible, imperceptible en pleine lumière, et pourtant irradiant en dessous. Il te faudrait enfin une vraie expérience de trou noir. On ne saisirait plus que tes manifestations décalées, *comme si elles étaient calculées,* alors qu'elles viendraient d'elles-mêmes.

Imaginer Mallarmé dans un embouteillage sur une autoroute. Baudelaire, idem. Proust, idem. Rimbaud à Baïkonour. Céline à Shanghai.
Saint-Simon partout. Il s'en tire mieux. Pourquoi.

Indian Rose à Longchamp, jument ramassée, rousse, tournant, ligne droite, derniers mètres. Très beau temps.

Foucault se mettait à crier. Lacan a fini en injuriant ses patients. Les électrochocs d'Althusser. Barthes : « J'ai envie de me mettre la tête dans le plâtre. » Robbe-Grillet, à *Apostrophes* disant, avec naturel, « le maréchal » en parlant de Pétain. Claude Simon ne sachant pas ce qu'il fait à Moscou, après le Nobel.

Updike dans *The New Yorker* : « Il ne se passe rien dans la littérature française. » Ils publient le même article trois fois par an. Traduit, retour à Paris. Même topo en Allemagne, Italie, Angleterre, Espagne : « *C'est compris, oui* ? » Apparemment, pas encore.

« Ah bon, je croyais qu'on s'était mis d'accord pour ne pas le prendre au sérieux et qu'il avait accepté le rôle ? Qu'est-ce qu'on fait ? On continue ? »

Avec JK et Eco, autrefois, dans les boîtes

chinoises de strip-tease à New York. C'était le bon temps, on riait, on parlait de saint Thomas et de Joyce.

Rien à faire, il voulait se battre. Quel ennui. Plus fort que moi. Arcade sourcillière ouverte, voile de sang devant les yeux. C'était beau.

Je ne déteste pas m'évanouir.

Tu dois garder tes amies putains du spectacle.

La phrase que tu devras barrer si tu publies ce carnet (trop de malentendus) : « Je dois tout à la prière. »

Il ne voulait rien comprendre. Le miracle, c'était l'argent. Tout à coup, ce que je disais devenait très clair.

« Il boit, il se drogue, il est très nerveux,

très tendu. » Entendez: « Si au moins il pouvait boire, se droguer, devenir tellement nerveux et tendu qu'il claque. »

On est en 1922, l'été. D'après les ombres, trois heures de l'après-midi. Maman a seize ans, elle tient les rames sur la barque plate, trois petites filles à chapeaux de paille et rubans l'accompagnent, tout est calme, on voit bien les maisons dans le fond. Cette année-là, Proust meurt le 18 novembre.

Dans un monde de contrefaçon généralisée, attends-toi à être un des rares à être accusé de contrefaçon.

La mère (plus de quatre-vingts ans) et la fille, à côté de moi, sur les Zattere. La mère dit « tu » à la fille qui la vouvoie. Contenance, profil acéré, aristocratie probable. La mère emploie l'expression « crotte de bique ». Et d'un homme: « C'était un aimable petit zéro. »

Ensuite: « Proust? Mais je l'ai connu à

douze ans, un homme charmant, délicieux, très intelligent, je ne fais aucune réserve, quatre fois plus intelligent que tout le monde. On disait qu'il était malade.

— Il écrivait ses Mémoires?

— C'est ça. Ah! et puis ses histoires d'homosexualité. Mais rien ne se voyait. C'est après que ça a joué. »

Elle est très *profil*, la mère, très Guermantes.

Encore: « C'était le plein boom israélite, tu sais, après la guerre. La première, bien sûr. Ou avant, peut-être? Non, juste après. »

Léopold Simoneau et Gottlob Frick, *l'Enlèvement au sérail,* Beecham.

Mozart, 16 juin 1781: « C'est avec la plus grande ardeur que je cours à ma table à écrire, avec la plus grande joie que j'y reste assis. »

26 septembre: « Je me trouve comme un lièvre dans du poivre. »

Gore Vidal arrive de New York. On lui

demande à quoi, selon lui, sert la foire du livre de Francfort: « A repérer des séries pour la télévision. » Mais les livres? « Plus personne ne lit. La population qui lit est en voie d'extinction. Vous ne vous en êtes pas encore aperçus? » Si. Seule la police saura lire (sauf l'essentiel, bien en évidence, sous ses yeux).

Voltaire, 1775, à Alexandre-Marie-François de Paule de Dompierre d'Hornoy:

« Non seulement nous avions cavalerie et infanterie, canons, timbales, tambours, trompettes, hautbois, clarinettes, table de deux cents couverts dans le jardin, bals, mais compliments très jolis et très courts en vers et en prose, le tout suivi d'une petite comédie de proverbe. »

A Jean-Baptiste-Nicolas de Lisle:

« Tout procès est un problème, il faut avoir l'esprit un peu géométrique pour le résoudre. La mort est un problème aussi, je le résoudrai bientôt. »

A Louis-François-Armand du Plessis, duc de Richelieu:

« Vous savez très bien que les hommes

ne méritent pas qu'on recherche leur suffrage; cependant, on a la faiblesse de le désirer, ce suffrage qui n'est que du vent. L'essentiel est d'être bien avec soi-même et de regarder le public comme des chiens qui tantôt nous mordent, et tantôt nous lèchent. »

Aristote, Problème XXX. *L'euthymie*.
« Après l'acte sexuel, la plupart se sentent athymiques (dépressifs), mais ceux qui, avec le sperme, rejettent beaucoup de superfluité, se sentent plus euthymiques (réconciliés avec eux-mêmes, apaisés). »

Hippocrate, *Épidémies*: « L'euthymie relâche le cœur. »

L'origine philosophique de la notion est sans doute démocritéenne. Ce n'est pas un concept platonicien.

Stoïciens. Andronicus: « L'euthymie est la joie dans le temps qui passe, et l'absence de préoccupations à l'égard de quoi que ce soit. »

Les grands pseudonymes français: Villon, Molière, Voltaire, Stendhal, Lautréamont, Céline.

Louis de Rouvroy, duc de Saint-Simon, serait très étonné de savoir qu'il s'appelle aujourd'hui *Saint-Simon.*

Disparition des petits magasins de jouets (*le Voilier Blanc*).

« Vous m'agacez souvent. » Entendre : « Vous m'excitez souvent au moment où je ne m'y attends pas. »

Le Garçon au gilet rouge, de Cézanne (1890-1895). Les tableaux supportent tout. *Ils attendent ton retour.*

Le courage des enfants. (Il lit son « Christophe Colomb », il fait ses calculs, départ à peine réveillé, le matin, pour l'école).

Les lys de la Sainte-Chapelle. L'automne au jardin des Plantes. Feuilles jaunes, tigres.

Father. Anarchiste libéral. Décorations jamais portées, cachées au fond d'un tiroir. Belle voix de ténor. N'allait pas à la messe. Vidait ses poches des pièces de monnaie dans une boîte où il savait que j'allais puiser. M'a envoyé de l'argent à Paris quand j'étais brouillé avec Mother. Fine écriture bleue. Philosophie : « La vie, quelle connerie. » Amateur d'astronomie et de préhistoire. Fin silencieuse, stoïque.

Avis aux sociologues de l'avenir : mon salaire mensuel est le même que celui d'un preneur de son à la télévision. Droits d'auteur : impôts, travailleur d'État.

Here comes everybody : bien entendu, Joyce a pensé à chaque rebondissement de syllabes. Et, en tout cas, *comes = vient* et *jouit. Ci-jouit tout le monde* (l'anglais est plus concret : *chaque corps*).

« Toute conscience veut la mort de l'autre. » — « Vous croyez ? » — « Hegel. » — « Ah ! bon. »

Proust : *les Mille et une Nuits,* Saint-Simon. Orientalisme : lune sur la place de la Concorde. Calife, sérail, enchantements, génies, sorts, évocations. Mémoire et grimoire magique.

Le mal « voulu ». Simulacres de méchanceté (Mlle Vinteuil, Charlus). Méchanceté réelle (Verdurin, Oriane). « Cette idée que c'était un simulacre de méchanceté seulement, gâtait son plaisir. »
Concert : l'absence de la Molé « dilate » les instruments. Quand Albertine prend une autre voix, « enrouée, hardie, presque crapuleuse. »
« De combien de plaisirs, de quelle douce vie elle nous a privés, me disais-je, par cette farouche obstination à nier son goût ! »

Tout à coup, de nouvelles symphonies, des opéras retrouvés, les murs tremblent, les parquets craquent, *on entend les danseurs,* les habitants du temps. Nabokov : on ne lit vraiment qu'avec son dos, « frisson dans la moelle épinière ». « Le monde d'un grand écrivain est une démocratie magique. »

Un universitaire américain retrouve Elizabeth Craig, la dédicataire de *Voyage au bout de la nuit*. Elle a quatre-vingt-six ans. Elle n'a pas lu le livre de Céline, elle a brûlé ses lettres. L'universitaire: « On a dit qu'à cette époque il était impuissant? » Elle: « Souvent, j'aurais préféré. »

Temps: feu éternel, lumière éternelle.
Allez, damnés, à l'obscurité du temps qui brûle éternellement.
Et vous, élus, à la lumière sans fin de l'instant sauvé pour toujours.

Picasso a habité avec Olga à l'hôtel Lutétia. Apollinaire lui parlait de Pascal (Apollinaire est le seul nom qu'il cite avant de mourir).

Ariane Stassinopoulos Huffington, *Picasso créateur et destructeur,* best-seller aux États-Unis. Il était très méchant avec les femmes, Picasso, très vilain. Le comique involontaire d'une phrase comme: « *Exploring the limits of sexuality was serious business for Picasso.* » L'ineffable Françoise Gilot: « *I never em-*

braced him with my whole being. » Résultat? Deux enfants. Pour le reste, propagande habituelle sur les dernières années de Picasso: sénilité, peur de la mort, etc. *Très utile,* comme la campagne, contre Rodin, à partir de Camille Claudel.

Eco: il fabrique maintenant des best-sellers ésotérico-médiévalo-populaires. Le dernier (*le Pendule de Foucault*): Templiers, Kabbale, comte de Saint-Germain, sectes, messe noire, computers, pourquoi pas. Il a dû être très impressionné, autrefois, par le kitsch métaphysique de Foucault et de Klossowski (*Raymond Roussel, le Baphomet*). Après la forme hyper-sophistiquée, le débouché industriel débonnaire. Il était à ce point suspendu à Foucault? Il a rêvé de pendre Foucault? Foucault-Eco-and Co? En tout cas, il a bien compris une des demandes majeures du spectaculaire: monastères empoisonnés, bazar jungien, disneyland occulte, — dans ce cas de figure: ni femmes ni sexe, et voilà. Le devenir-écriture de la falsification devient logiquement devenir-falsification de l'écriture. Toutes les traditions et les écrivains du passé doivent y passer (plus intérieurement : déferlement du pseudo-initiatique vulgarisé à la Roussel contre la liturgie joycienne). Encore une fois, démonstration inévitable, *utile*.

Un philosophe, mieux inspiré il y a trente ans, mélange, dans une apologie du néo-baroque, tout et n'importe quoi, un chou-fleur et les Alpes, Mozart et le bruit électronique, le Bernin et un barbouilleur abstrait. Sous prétexte de « pli », une catastrophe mathématique et une apoplexie se valent. Plus simplement encore, si j'ai bien compris, il n'y a pas de hiérarchie du goût, ni de mensonge en ce monde. Il nous prévient comme par hasard, merci, que nous sommes sans doute aujourd'hui, « plus proches de Leibniz que de Voltaire ». Un autre philosophe avait prédit que notre siècle serait celui de ce philosophe du méli-mélo. C'est aussi amusant que la prophétie tarte à la crème : « Le vingt et unième siècle sera religieux ou ne sera pas. »

Un autre philosophe encore, très connu

dans l'université américaine, fait maintenant l'apologie d'un antisémite honteux, longtemps calfeutré aux États-Unis, mort, et désormais notoire.

On n'en finirait pas. Et je ne parle pas du tour de farce que prend la « réconciliation judéo-chrétienne » (« on n'ira pas voir les mêmes films, *na*! »), ni du « retour à Kant » — figure obligatoire du gymnase, après les retours « à Marx », « à Freud », avec, en prime, la rumination évanescente, en version originale, de Heidegger. Je ne parle pas non plus de l'illumination d'Althusser voulant sauver la planète en allant voir le pape, avant d'étrangler sa femme. Voltaire, dites-vous? Oui, et sans retour ni détour. Mais alors, quoi? En avant? *En français?* Vous n'avez pas honte?

« Moi, l'étrange humain qui, en attendant que la mort le délivre, vis les volets clos, ne sais rien du monde, reste immobile comme un hibou et, comme celui-ci, ne vois un peu clair que dans les ténèbres. » (Proust.)

Les dîners avec Barthes. Quelles *Mythologies* écrirait-il aujourd'hui? « Voltaire, le dernier des écrivains heureux. » Pourquoi, *le dernier?*

Pleynet, son journal de 1981, *le Jour et l'heure*. Bossuet, le tombeau de Duns Scot à Cologne, Fouquet au Louvre, paysages parisiens, campagne française. *Reprendre le Louvre.*

Proust toujours: « Cet accent d'enthousiasme qu'on n'apporte qu'aux convictions qu'on ne s'est pas forgées soi-même ».

« L'esprit des Guermantes rangeant les propos prétentieux et prolongés du genre sérieux ou du genre farceur dans la plus intolérable imbécillité. »

« Nos intonations contiennent notre philosophie de la vie, ce que la personne se dit à tout moment sur les choses. »

Le nihiliste, à propos du génie: « Quelque chose d'autre que lui vivait en lui, passait par lui, allait plus loin que lui, était très différent de lui », etc.

Bref, sans cesse: lui n'était pas lui.

Baudelaire: « Cette distinction non méconnaissable des vétérans de la joie. »

« Les Chinois voient l'heure dans l'œil des chats. »

Oui, je sais, elle était invivable. Mais elle jouissait vite, et bien.

Une femme s'inquiète du sida pour son fils. Elle évoque tous les dangers de façon très crue, fellation, accidents de préservatifs, etc.

Moi: une seule solution.

— Oui?

— La masturbation.

— Oh! non, quelle horreur!

« Vous allez où? Vous descendez où? Combien de temps? Avec qui? »

Elle m'écrivait dans les journaux, entre les lignes, dans presque tous ses articles. Elle me nommait même de temps en temps. Histoire de me rappeler : « Je dirai du mal de vous quoi qu'il arrive, à la moindre occasion, jusqu'au bout. »

J'essayais de lui expliquer que Fragonard était un peintre hermétique (*le Verrou*). Elle me trouvait fou.

X., philosophie de la police ; police de la philosophie.
Y., critique policier.
Z., romancier policier.
Un intellectuel policier me dit froidement : « Je ne crois pas à la conception policière de l'Histoire. »
Deux espèces récentes : le faux-vrai-faux-jeton. Et celui qui en fait *trop* dans le faux. Coup de baguette : l'orchestre est là pour jouer faux, soit, mais n'en rajoutez pas.

Longtemps, je me suis couché de bonne

heure : cinq ou six heures du matin. Circonstances diverses, scènes, actrices, acteurs.

L'embêtant avec les filles jeunes, je vais vous le dire, chérie : elles ne savent pas baiser ; elles attendent qu'on leur fasse tout, lourds bébés, on est la nourrice.

Nabokov : « Mon écriture la plus minuscule, la plus satanique. »
« Très féminine, déjà étiolée. »

Elle me dit : « Je les ai vus discuter dans la rue, l'un sur le trottoir, l'autre descendant et remontant sur le bord. Ils se parlaient d'inférieur à inférieur. »

On commente toujours Artaud de façon métaphysique, hors contexte : extermination « douce » des malades mentaux pendant la guerre, dans les hôpitaux psychiatriques français, quarante mille morts. Cachexie, nourriture d'excréments, écorce des arbres.

Les professeurs de médecine donnaient, pendant ce temps, des conférences sur « le syndrome du manque chez les aliénés ». Artaud, après la guerre, conseil, paraît-il : « deux bons repas par jour ».

La fatigue fait grossir. Rien n'est plus fatigant que la connerie. A chaque bêtise endurée, dix particules de graisse.

Le Lys d'Or, roman. Histoire d'un objet autrefois dérobé dans une église et qui se retrouve à sa place — *une tout autre place* — à travers une série d'aventures qui sont l'objet du roman.

Gamme des adjectifs chez Proust: « Un rideau de soleil matinal, poudreux, oblique et progressif. »
« Le plaisir obscur, immédiat et privé de dire quelque chose de désagréable. »

Picasso, *le Jeune Peintre,* une de ses dernières toiles, 1972. Pénis bien décalotté pinceau bras doigt ongle. Sexe beaucoup plus grand que jeune cavalier malin sachant se servir de son corps comme pinceau. A rapprocher du visage pré-mort émacié de la même année. Peu importe, message identique : phallus-jeunesse-toujours.

Picasso a toujours dit que ses tableaux étaient des exorcismes. Aucune raison de ne pas le croire.

J.K., *Étrangers à nous-mêmes*. L'attitude par rapport à l'étranger comme critère de la haine de soi. L'évangile moderne: « Tu haïras ton prochain et l'étranger comme toi-même. » As-tu, toi, toujours aimé et aidé concrètement les étrangers et les étrangères ? Oui.

Je regarde l'azalée rouge, puis le dôme du Val-de-Grâce, je ferme la porte, pluie, taxi, aéroport, Alpes, neige, motoscafo sous la pluie, tunnel d'eau grise, j'ouvre la porte, je redescends, café, mouette à la jumelle en suspens sur l'eau, bec orange, calme, près du grand deux-mâts amarré au quai, le *Vaar,* de Gibraltar. (*Vaar* : Vrai.)

Le narrateur de *Femmes* n'est pas celui de *Portrait du Joueur*. Lequel n'est pas celui du *Cœur Absolu*. Lequel n'est pas non plus celui des *Folies Françaises*. Ce dernier n'est pas le narrateur du *Lys d'Or*. On travaille dans les IRM, identités rapprochées multiples. Perte d'identité partout, réponse : multiplication des proximités variables. Les crises nerveuses du narrateur du *Cœur Absolu*. La fille de celui des *Folies*. Le Chinois du *Lys d'Or*.

La note de carnet est le comprimé, la cellule vibrante, la capsule. La nappe continue du récit est l'eau (Henry James : « Le fluide sacré de la fiction »). Jonction des deux : effervescence. Épiphanie selon Joyce. Dans la rue, après avoir acheté le poisson : évier, langoustines, soles. Elle passe en vélo, saute à terre. « Ça va ? »

Vous vous déplacez : vous avez deux ou

trois jours tranquilles. Puis l'Adversaire vous localise et passe à travers n'importe quoi : voisins, parents, entourage, rencontres.

Le mot, pas assez célèbre, de Louis XIV pour les jardins de Versailles : « Vous y mettrez un peu d'enfance. »

Nabokov : « Comme la plupart des femmes, elle avait tendance à être didactique dans un examen rétrospectif. »

Passion du *fenouil* : le chemin, le nez dedans, l'ouverture sur l'océan, l'écume. En rentrant de l'école, chaque fois : le *fusain*. Adieu, société, on reprend le conte de fées. Ballon oublié sur la pelouse, pieds nus, tout de suite.
Le rire rentré des fusains.

Pas de changement, au fond : on rentre le soir dans la maison illuminée, on va dîner, argent, cristal, feu de bois, vin sombre chambré en carafe.

Printemps : lame de couteau ouvrant l'huître, trait d'acier dans la nacre, fourreaux blancs des longs courriers dans le ciel.

Le sexe est ta boussole *dans le temps*.

Le même film raconté par trois femmes qui ne se connaissent pas.

Pindare : « Le sable échappe au calcul. »

Elle poussait des cris *empruntés*.

Et dire que tout est parti d'une carte postale (Piero della Francesca) envoyée de Londres.

Les deux vieilles : quand l'une réussit à parler, l'autre prépare sa phrase. Échanges de coups.

Le duc : « Votre Fragonard est remarquable. »

Même déjeuner, une femme : « J'avais trois enfants, je voulais encore en adopter deux ou trois, un Noir, par exemple. Mon mari m'a dit : « Couchez avec qui vous voulez, mais — »

L'Ambassadrice : « Notre fils est à New York, spécialiste de la fécondation *in vitro*. »

La dame de compagnie : « Les Japonais fous des tournesols de Van Gogh ? Peut-être à cause de leur drapeau ? » (Personne ne comprend.)

La peinture de Bacon. L'Ambassadeur : « C'est horrible. » La duchesse : « C'est bouleversant. »

Le duc : « Je ne me suis jamais occupé de sa vie privée, mais c'est une excellente amie. »

Portrait de jeune garçon bleu, 1759-1831. « Quel âge a-t-il, là ? » — La duchesse : « Sept ans. Il a beaucoup souffert, voyez les dates. »

« Vive Rameau, à bas Gluck ! » (Debussy.)

Grand divertissement royal du 28 juillet

1668. « Le spectacle avait pris l'allure d'une perpétuelle tromperie nocturne sur les lieux, les éléments, les êtres. »

Molière : « Je vous abandonne à votre mauvaise constitution, à l'intempérie de vos entrailles, à la corruption de votre sang, à l'âcreté de votre bile et à la féculence de vos humeurs. »

Boileau :
> *En vain mille jaloux esprits,*
> *Molière, osent avec mépris,*
> *Censurer ton plus bel ouvrage,*
> *Sa charmante naïveté*
> *S'en va pour jamais d'âge en âge*
> *Divertir la postérité.*

Charmante naïveté, tu parles : redoutable ambiguïté.

— 66 % croient en Dieu, 24 % au Diable.
— 24 %, ce n'est pas si mal.

Pourquoi mentirait-il ? Il *est* mensonge.

Une semaine, trois femmes: on leur permet de se baiser entre elles, on n'a pas besoin d'en parler.

Lolita. La pomme, le journal. « Solipsisée ». « L'extase la plus longue qu'homme ou monstre ait connue. »
« Candide, comme tous les pervers. »

« Nous sommes si peu vains que l'estime de cinq personnes, mettons six, nous amuse, nous honore. » (Lautréamont.)

Elle nous voyait installés dans une sorte de malheur studieux.

Je suis arrivé pour la première fois à Venise, après un long voyage en car venant de Florence, en octobre 1963. Je me revois laissant tomber mon sac, la nuit, devant Saint-Marc. J'y suis toujours.

« Lorsqu'on a été traité publiquement,

comme je l'ai été durant ces quinze dernières années, de cochon par les nazis, d'imbécile par les communistes, de prostitué spirituel par les démocrates, de renégat par les émigrés, de nihiliste pathologique par les croyants, on n'est guère porté à entrer une nouvelle fois dans la vie publique. » (Gottfried Benn.)

Voltaire, Ferney, 14 août 1776, à Diderot : « Si jamais vous retournez en Russie, daignez donc passer par mon tombeau. »

« Mon cher, me dit-il, je n'ai plus qu'une seule ambition politique : retarder autant que possible l'arrivée complète au pouvoir des classes moyennes. »

Il faut sortir ? Bien. Revêtons nos combinaisons d'alcool.

Règle fondamentale aux échecs, dans la vie, en littérature : renforcer les points forts, jamais les points faibles.

Et aussi: « C'est ça le grand poker: mal jouer au bon moment ». (Edward G. Robinson, dans *le Kid de Cincinnati*.)

Nietzsche: « Le corps traverse l'Histoire. »

« On ne tue pas par la colère, mais par le rire. »

Ton personnage de roman existe quand tu aimerais avoir son point de vue sur le roman en question. Le livre est réussi quand tu as envie d'y ajouter ce qui s'y trouve.

Italie: deux ou trois assassinats tous les deux jours. Rituel mafieux. La même photo, endémique, cadavre dans la voiture, bouche ouverte, ou sur le sol, flaque de sang. Il y a deux cérémonies incessantes en Italie, le meurtre programmé et la messe. Il y avait aussi les congrès du parti communiste, mais ça ne se fait plus.

La femme de Dostoïevski n'a pas noté les

improvisations de son mari dans la conversation. Les déplacements et les achats, oui.

En bateau-mouche sur la Seine. Paris? Les cercueils verts, uniques au monde, des bouquinistes accrochés aux quais, poubelles de livres à perte de vue. Trafic du port autonome, cocktails sur les péniches, autre ville.

Venise, la barque noire et rouge apportant les journaux. Initiales de l'*Osservatore Romano*: OR. Devise: *Unicuique suum non praevalebunt.*

Proust: la princesse de Parme, son sourire comme « un sol dièse ».

Il me dit, avec une sorte de rage: « Je ne veux plus voir que des gens gais, équilibrés et heureux. »

Son rêve, comme celui de tout le monde, était d'éliminer tout le monde.

Saint-Simon. Il attaque la phrase de partout, compas souple : « Pendant qu'Alberoni déclamait à Madrid, Cadogan agissait en Hollande... »

Lautréamont : « Qui croit-on tromper ici, je le demande avec une lenteur qui s'interpose ? O dadas de bagne ! Bulles de savon ! Pantins en baudruches ! Ficelles usées ! »

Nietzsche, *Ecce Homo*. Il a dédié *Humain, trop humain* (1878) à Voltaire (mort en 1778). Charge anti-allemande violente.
« Je ne réfute pas l'idéal, je le congèle. »
« Voltaire était avant tout, au contraire de tout ce qui a tenu la plume après lui, un grand seigneur de l'intelligence, juste ce que je suis aussi. Le nom de Voltaire sur un de mes écrits c'était vraiment un progrès... vers moi-même. »

« Le passé hideux de l'humanité pleurarde. »
« Cette publication permanente n'a pas de prix. » (Lautréamont.)

Premières ombres sur l'eau, premiers cris bas des oiseaux.
Les odeurs arrivent : c'est le jour.
Froissements d'ailes. Océan tenu.
On sent vivre les cailloux.

Huang Pin-Hung (Dynastie Ts'ing) : « Peindre un tableau, c'est comme jouer au jeu de Go. On s'efforce de disposer sur l'échiquier des "points disponibles". Plus il y en a, plus on est sûr de gagner. »

Wan Yu : « Deux moments cruciaux dans l'exécution : le commencement et la fin. Le commencement doit être à l'image d'un cavalier lancé au galop ; celui-ci éprouve la sensation de pouvoir à tout moment freiner le cheval sans l'arrêter tout à fait. La fin, elle, doit ressembler à une mer qui reçoit tous les cours d'eau qui se déversent en elle ; celle-ci donne l'impression de pouvoir tout contenir, tout en étant menacée de débordement. »

Ce carnet n'a pas de fin, on s'en doute.

Achevé d'imprimer le 16 décembre 1988
dans les ateliers de Normandie Impression S.A. à Alençon (Orne)
N° d'imprimeur : 882268.

N° d'édition : 11902. Dépôt légal : décembre 1988
Imprimé en France

646 YB FM 250
04/11/96 32550